JN438404

너와 나는 하나다

김진태 수필집

수필에 담은 기도통장, 봉사통장,
희생통장, 기쁨통장, 양보통장, 예쁜 말 통장

국립중앙도서관 출판시도서목록(CIP)

너와 나는 하나다 : 김진태 수필집 / 지은이: 김진태. -- 대
전 : 오늘의문학사, 2016
p. ; cm

ISBN 978-89-5669-779-6 03810 : ₩15000

한국 현대 수필[韓國現代隨筆]

814.7-KDC6
895.745-DDC23 CIP2016023475

너와 나는 하나다

〚 저자의 말 〛

함께 가자

이 지방 출신으로 순교 성인이신 한재권 요셉과 정원지 베드로를 수호성인으로 출발한 진잠천주교회가 어언 15년의 연륜을 맞이하였습니다. 몇 백 명 안 되는 신자들로 어렵사리 출발하여 땀과 힘을 모아 성전을 건립하였고 이제 안정된 신앙 생활로 주님을 찬양하고 성령의 도우심에 의탁하여, 이 지방의 복음화에 힘을 모아야 할 때라고 생각합니다.

오늘이 있기까지 우리와 함께하신 주님께 참으로 감사드림이 마땅한 일이라 생각하며, 박식(薄識)과 단견(短見)의 졸필로 가톨릭 문학지, 주보, 신문, 잡지에 게재했던 글을 모아 1992년 출간한 『내 영혼의 울림』에 이어 졸서를 본당 설립 15주년을 맞이하여 기쁜 마음으로 감히 봉헌합니다.

집 앞에 무럭무럭 짙푸르게 자라는 곡식과 채소, 한가로이 나무 사이를 날아다니는 새와 나비와 잠자리를 바라보면서 저것들은 욕심을 버리고 살아가는데 구름처럼 떠다니다가 이슬처럼 날아가는 인생살이를 하는 저는 "용기를 내어라. 내가 세상을 이겼다. 내가 너희와 함께 있겠다."고 하신 주님을 믿고 우리 모두 "함께 가자."고 다짐해 봅니다.

병인박해 150주년, 자비의 희년, 대전 교구 설정 70주년의 교구 시노드를 맞이하여 졸서 출간의 의미를 붙여서 펴내며 성령께서 우리 모두의 마음에 비추어 하느님의 영광이 현양되기를 바라는 마음 간절합니다.

은행의 저금통장만 만들지 말고 함께 가기 위해, 천국통장 즉 기도통장, 봉사통장, 희생통장, 기쁨통장, 양보통장, 예쁜 말 통장 등을 만들어 열심히 저축하여 주님께 가지고 가고 싶은 마음입니다. 이러한 마음을 조금이나마 담아 이 책을 드리니 부족함을 너그러이 용서하시고 아낌없는 지도와 편달을 부탁드립니다.

본서를 출간하는데 추천서를 써주신 이재훈 세례자 요한 전임 본당 신부님과 신임 백광현 세례자 요한 신부님, 출판에 노고를 아낌없이 바쳐주신 문학사랑협의회 리헌석 이사장님, 엄기창 시인께 깊이 감사드리며 본당의 무궁한 발전과 하느님의 평화가 독자님의 가정에 가득하시기를 기도드립니다.

혜존(惠存)! 사은(謝恩)! 감사(感謝)!

〈너와 나는 하나다. 혼자 가지 말고, 함께 가자.〉

2016년 성북동 숲속에서
山太古 김진태 드림

『축 사』

친애하는 김진태 니콜라오 형제님!

열정적인 신앙 안에서 삶의 지혜와 사랑을 담은 수필집 『너와 나는 하나다』의 간행을 진심으로 축하드립니다. 그리고 우리본당 창립 15주년을 기념해 봉헌해주심에 깊은 감사를 드립니다.

이번에 발간하는 형제님의 수필은 참된 신앙 안에서 세상과 사람과 인생을 바라보게 하는 교회의 값진 선물입니다. 저의 사랑과 존경의 마음을 드립니다.

그동안 재속 프란치스코 대전지구형제회 봉사자로서 활동하셨고, 대전 꾸르실료 초창기 1979년부터 1995년까지 16년 동안 교구 꾸르실료 봉사자로 활동하신 것만 보아도, 형제님께서 교회를 위해 얼마나 헌신적으로 살아오셨는지 알 수 있습니다.

그뿐만 아니라 대전충남 가톨릭문학회 창립회원으로서 지금까지 활동하고 계신 것을 보면 한국의 전통과 문화에 대한 애착은 물론이고, 신앙 안에서 얼마나 진솔하고 겸손하게 살아오셨는가를 짐작할 수 있습니다. 그런 삶의 지향이 있으셨기에 2000년 김영재(콘스탄티노) 막내 아드님이 사제로 서품되는 영예를 안으셨다고 생각합니다.

1992년 출간한 『내 영혼의 울림』에 이어 두 번째로 출간한 형제님의 수필집 『너와 나는 하나다』는 가톨릭문학지, 주보, 신문, 잡지에 기고했던 글을 수록해놓은 책이라 하셨습니다. 특별히 자비의 특별희년에 발간되는 형제님의 수필집은 매우 큰 의미가 있다고 생각합니다. 형제님이 주위에 어렵고 고통 중에 있는 이웃들에게 특별한 관심을 가지고 계시면서 그들에게 가진 것을 베풀도록 독려하고, 용서를 통해 불목하여 갈라진 사회 안에서 하느님의 자비로움을 깨닫고 체험할 수 있도록 권고하고 있기 때문입니다.

형제님의 이상과 삶을 통해 많은 이들이 하느님의 자비로움과 복음의 진리 안에서 인생의 고귀함과 하느님 사랑을 더 깊이 체험할 수 있기를 희망합니다. 다시 한 번 형제님의 수필집 발간을 축하드리고 본당에 봉헌해주심에 감사드리며, 자비로우신 하느님 아버지의 은총과 어머니이신 성모님의 보호 아래 은혜로운 새로운 날들을 꾸미시기를 두 손 모아 기도드립니다.

천주교회 대전교구 진잠성당 전임

이재훈 세례자요한 신부

〖축 사〗

산태고 김진태 니꼴라오 형제님의『너와 나는 하나다』의 출판을 진심으로 축하드립니다.

형제님의 수필집을 읽으며 산을 오르다 그냥 지나쳤을 작은 야생화를 본 듯한 느낌을 받았다. 언제나 그 자리에 있었지만 관심을 보이지 않아 그 아름다움과 신비로움을 잊고 살았구나 하는 생각을 했다.

1부 '하느님과 함께'는 추상적인 하느님이 아닌 인격적 만남을 통해 우리에게 신앙의 성숙을 이끌어 주고 있다. 우리와 함께하시는 하느님과의 여정은 성경 말씀을 우리의 삶으로 표현되어 질 때 풍성한 열매를 맺게 된다. 형제님은 성경말씀을 통하여 세상을 바라보고 세상 안에서 하느님의 말씀을 확인함으로써 많은 열매들을 바라보게한다.

2부 '이웃과 더불어'는 나눔을 통한 풍요로움을 우리에게 선사해주고 있다. 정겨운 어울림의 삶은 본인과 이웃에게 향기롭고 모든이를 한 가족으로 불러 모은다. 삶은 홀로 살아가는 것이 아니라 내어줌을 통해 더불어 살아감으로써 나를 확인하고 상대를 확인하는 과정일 것이다. 형제님은 작소 사소한 경험일지라도 특별함을 찾아내는 능력을 키우지 않으셨나 생각한다.

형제님의 수필집 『너와 나는 하나다』는 책장을 넘길 때 마다 감동과 향기가 묻어 나온다.

그 감동과 향기를 오래도록 음미할 수 있어 행복해 진다. 하느님 사랑과 이웃 사랑은 모든 율법과 예언서의 정신이다. 형제님의 수필집이 널리 읽히고 따스한 온정이 가정과 공동체 안에서 풍성하게 열매 맺기를 기원한다.

천주교회 대전교구 진잠성당 주임

백광현 세례자요한 신부

[CONTENTS]

1 chapter 하느님과 함께

2 chapter

이웃과 더불어 ◆◆◆

1
chapter

하느님과 함께

01. 마음의 보약

우리나라가 요즈음 경제성장과 각종 산업, 의학의 발달로 여러 면에서 급속한 성장을 이룩하면서 사회의 변혁과 삶의 질이 좋아져 평균수명이 많이 높아졌다. 요즈음 노인들이 겪고 있는 고통을 네 가지로 말하는데 노후대책이 마련되지 않은 노인들에게 오는 빈고(貧苦), 노쇠에 따라오는 병고(病苦), 일자리가 없는 무위고(無爲苦), 핵가족화로 자손과 떨어져 살며 말벗이 없는 고독고(孤獨苦)가 그것이다.

이 사고(四苦) 중에 고독고를 치유하기 위해, 그 한 가지 방안으로 친구가 필요함을 생각해 본다. 좋은 친구는 많을수록 좋고 외롭지 않으며 삶을 풍부하게 한다. 괴로울 때, 어려울 때, 외로울 때에 마음 놓고 속을 털어놓을 수 있는 친구가 있다면 괴로움과 아픔과 외로움을 해소할 수 있다. 그러나 친밀한 친구가 없다면 마음의 어두움을 해소할 수가 없다. 그리하여 혼자로서는 굴을 파고 들어가 도피하니 외톨이가 되게 마련이다. 이때에 가까운 친구가 필요하다. 가까운 친구는 명약이다.

밤늦은 시각에 오는 전화는 급한 일을 알리거나, 중대한 일을 알리는 전화, 또는 불길한 일을 알리는 전화일 때가 많다. 밤 10시 이후에 가끔 전화가 올 때가 있다. 아주 친한 사람이 어려움을 털어놓는 전화다. 어려움이나 괴로움을 토로하는 넋두리다. 나는 허심탄회한 마음으로 공감하며 위로와 격려를 아끼지 않으려고 노력하니 2~30분이 더 걸릴 때가 있다. 그때는 막역한 친구로서 보람을 느끼게 된다.

바오로의 그리스도인의 생활규범에서 "기뻐하는 이들과 함께 기뻐하고, 우는 이들과 함께 우십시오. 서로 뜻을 같이 하십시오. 스스로 슬기롭다고 여기지 마십시오. 아무에게도 악을 악으로 갚지 말고 모든 사람에게 좋은 일을 해줄 뜻을 품으십시오. 여러분 쪽에서 할 수 있는 대로 모든 사람과 평화로이 지내십시오. 사랑하는 여러분 스스로 복수할 생각을 하지 말고 하느님의 진노에 맡기십시오. 성경에서도 '복수는 내가 할 일, 내가 복수하리라.' 하고 주님께서 말씀하십니다. 오히려 그대의 원수가 주리거든 먹을 것을 주고, 목말라하거든 마실 것을 주십시오. 그렇게 하는 것은 그대가 숯불을 그의 머리에 놓는 셈입니다. 악에 굴복당하지 말고 선으로 악을 굴복시키십시오.(로마 12:15~21) 라고 권고 하셨다.

좋은 말은 남을 기쁘게 하고, 용기를 불어 넣어주고 삶을 바르게 이끌어 주기도 한다. 그러나 나쁜 말이나 무심코 한 어떤 말 한마디가 남의 마음을 괴롭히고 돌이킬 수 없는 상처를 주기도 한다. 혀끝에는 수없이 많은 나쁜 균들이 득실거리는 것이다. 그래서 입에 자물통을 달아야 한다고 했던가? 나는 평소에 말을 조심해야겠다고 하면서도 나도 모르는 사이에 말을 잘못 할 때가 많다. 한번 뱉은 말은 주워 담을 수 없는지라 뒤늦게 후회한다. 말 한마디로 천 냥 빚을 갚는다는 속담도 있지만…….

입에서 나오는 말마다 그 사람 됨됨이가 묻어있고 그 사람의 마음이 담겨있다. 그러므로 말을 아끼는 습관을 길러야 한다. 말을 참으면 꿀 찌는 안 가지만 말이 많으면 스스로 무덤을 파고 들어가는 꼴이 된다. 말은 그 사람 마음의 표출인 것이다.

"입으로 들어가는 것이 사람을 더럽히지 않는다. 오히려 입에서 나오는 것이 사람을 더럽힌다……. 입으로 들어가는 것은 무엇이나 뱃속으로 갔다가 뒷간으로 나간다는 것을 이해하지 못하느냐? 그런데 입에서 나오는 것은 마음에서 나오는데, 바로 그것이 사람을 더럽힌다. 마음에서 나쁜 생각들 살인, 간음, 불륜, 도둑질, 거짓 증언, 중상이 나온다. 이러한 것들이 사람을 더럽힌다."(마태 15:11, 17~20)

사람마다 생각이나 감정의 깊이가 다르겠지만 같은 친구지간에도 차이가 많은 것을 평소에 느끼면서 살아왔다. 어렸을 때부터 같이 놀고 같이 공부하면서 같이 자라왔지만 각자에 대한 정이나 느낌은 다양하고 천차만별이다. 항상 정이 넘치는 사람, 표현 없이 덤덤한 사람, 말은 적으나 항상 변함없는 사람, 수다스럽고 쉽게 변하는 사람, 냉정하고 따지기 좋아하는 사람 등, 성격의 차이가 있고 성격마다 장단점이 있겠지만, 보편적으로 사람들이 좋아하는 타입은 어떤 유형일까?

무덤덤하고 말이 없는 사람보다 정이 많은 사람에게 사람이 많이 모여든다. 하느님께서는 사랑이시다. 전 세계가 사랑으로 서로 엉켜 평화 속에서 살아가도록 창조하셨는데 인간만이 욕심을 차리면서 사리사욕으로 이웃을 등지고 살아가는 것 같다. 친척, 친지, 친우 사이가 보다 친밀히, 보다 넓은 마음으로 관용을 베풀고 이해하는 가운데 살아갔으면 좋겠다. 삼강오륜의 마지막 구절은 붕우유신(朋友有信)이다. 삼강오륜의 마지막 덕목이지만 신의가 삼강오륜 전체를 떠받치는 근간이라고 생각한다. 신의가 없이는 삼강과 오륜이 있을 수가 없다.

신의를 잃으면 인생을 잃는 것이다. 신의에는 비밀을 절대 지켜주는 보장이 필수적으로 수반한다. 그래야 믿음이 생기는 것이리라. 군신, 부자, 부부, 붕우, 장유, 친지 사이에 신의가 없이는 삼강오륜을 논할 수 없다.

기쁨을 나누면 두 배로 증가하고 슬픔은 나누면 반으로 줄어든다고 했던가? 우리는 살아가는 동안에 누구나 크고 작은 괴로움이 없을 수 없다. 기쁨에 함께 기뻐해주면 더욱 기쁘고, 괴로울 때 그 괴로움을 다 털어 놓으면 답답했던 마음이 스르르 없어진다. 가까운 사이에 털어 놓을 수 있다지만 경우와 사안에 따라서는 털어놓을 수 없는 이야기도 있고, 하지 말아야 할 이야기도 있다. 그래서 마음이 통할 수 있는 사람이 많으면 좋은 것이다.

내가 먼저 마음을 열어놓고 신의로써 사람을 대하고 모든 것을 이해하고 동정할 수 있는 마음의 바탕이 필요하다. 위로로 힘이 되고 공감과 격려로 용기를 주는 친구는 생에 있어서 필수적인 보약임에 틀림이 없다. 몸이 건강할 때 보약을 먹어야 하듯이 평소에 미리 마음의 보약을 마련해 놓는 것이 어떨는지. 나는 남에게 어떤 사람으로 각인되어 있을까 되돌아보면서…….

"성실한 친구는 든든한 피난처로서 그를 얻으면 보물을 얻는 셈이다. 성실한 친구는 값으로 따질 수 없으니 어떤 저울로도 그의 가치를 달 수 없다. 성실한 친구는 생명을 살리는 명약이니 주님을 경외하는 이들은 그런 친구를 얻으리라. 주님을 경외하는 이는 자신의 우정을 바르게 키워나가니 이웃도 그의 본을 따라 그대로 하리라."(집회 6:14~17)

02. 사랑의 외도(外道)

사람마다 성격과 취미가 각각 다르기도 하고 비슷한 것도 있고 같은 것도 있다. 내가 좋아하는 것을 생각해 본다.

나는 먼 지난 날. 어머니께서 해주신, 누룽지를 긁고 물을 부어 불린 눌은밥과 구수한 숭늉을 좋아했다. 또한 찌그러진 냄비에 보글보글 끓인 청국장을 좋아했다. 먹는 생각을 하니 촉촉이 비 내리는 날 돼지 족발과 새콤한 막걸리를 빼놓을 수 없다.

산골짜기에 누가 보든 말든 외로움을 달래며 향기를 품고 하얗게 피어있는 들국화를 좋아한다. 깎아지른 바위틈에 독야청청 사철 변함없이 우뚝 서 있는 노송과 넘어지지 않게 등으로 받치고 있는 큼직한 바위도 나는 좋아한다. 그 밑에 등산객 목축이라고 꼴랑꼴랑 솟아나는 옹달샘, 좋아하는 마음을 감출 수 없다. 바위에 올라 황홀한 저녁놀과 동쪽 하늘에 길게 다리를 놓고 있는 오색찬란한 무지개를 관상하는 것을 즐기며, 두둥실 떠가는 한 덩이의 흰 구름, 수줍은 듯 실눈 뜨고 금세 넘어가는 초승달도 내 넋을 앗아간다.

봄에 사랑을 싣고 남촌에서 찾아오는 남풍을 좋아한다. 따스한 온돌방 아랫목을 생각나게 하는 매서운 북풍도 나는 싫지 않다. 봄바람

타고 나풀거리는 노랑나비도 좋거니와 가을 들판을 수놓는 고추잠자리, 뒷동산에서 저녁마다 풍년들어 "솥이 적다 걱정 말라."고 노래하는 소쩍새, 날이 저물었으니 어서 잠자리에 들라고 "부엉부엉" 재촉하는 부엉이, "계집 죽고 자식 죽고 외로워 못 살겠네." 호소하는 비둘기 울음소리도 내 영혼을 앗아간다.

여름 내내 얼싸안고 물장난하고 헤엄치던 바닷가의 명사십리, 시원히 탁 터진 잔잔한 겨울 바다, 물보라 치며 엎어질 듯 쫓아오는 바닷가 겨울 파도를 나는 좋아한다. "끼욱끼욱" 한가로이 날아다니는 겨울 바다 갈매기, 바다 가운데 소나무 등에 업고 비바람 이겨내면서 버티고 쪼그리고 앉아있는 바위섬, 굴 따러 간 엄마 기다리다 팔베개 베고 스르르 잠든 바닷가 외딴 초가의 아가, 그리고 그 초가 모습도 나는 그립고 보고 싶다.

토함산 고갯마루에 있는 돌, 왕자 구하려 일본으로 훌훌 떠난 남편 박제상을 기다리다, 기다리다 끝내 못 보고 굳어진 박제상의 부인 망부석, 의기(義妓) 논개가 적개심에 불타 왜장을 껴안고 뛰어들어 수중고혼(水中孤魂)이 된 진주 남강 가 의녀바위를 나는 자주 가 보고 싶다. 울릉도 동남쪽 우리 국토를 외로이 지키고 있는 동해 고도(孤島) 독도(동경 131도 52분, 북위 37도 14분)를 좋아하는 마음을 어찌 버릴 수 있으랴.

흙냄새 물씬한 농촌의 봄을 나는 좋아한다. 좋아하는 군밤을 호주머니에 넣고 오물오물 까먹으며 산길을 걷기를 좋아한다. 봄이 오면 시절을 다툴세라 피자마자 애석하게 떨어지는 복사꽃, 노랑 빨강 하양 연분홍 처녀 아씨 손톱 예쁘게 물들여 주는 봉선화, 가을바람에 하늘하늘 춤추는 길가의 코스모스, 동해고도 울릉도의 동백꽃, 소나무 숲속 나직이 피어있는 진달래꽃, 춘삼월 아쉬워라 머리 풀어 늘어뜨리고 있는 연녹색의 능수버들도 내 발걸음을 멈추게 한다. 충북 보은 속리산 들어가는 길가의 정2품 소나무, 마을 동구에 있는 수호수, 천년 묵은 느티나무를 더욱 좋아한다.

수줍어라 빙긋이 미소 지으며 "안녕하세요?" 인사하는 소녀의 청순한 웃음을 나는 좋아한다. 돌배기 아기의 천진한 웃음과 엄마 젖꼭지 물고 새근새근 잠든 아기 모습이 좋고, 세련함과 꾸밈을 떠나서 수수한 차림의 건강한 여인의 모습도 자꾸 보고 싶다.

억뚝억뚝 억센 손마디에 꼬부라진 할머니의 손때 묻은 장갑도 나는 좋아한다. 그리워, 그리워도 다시 못 올 저 세상에 간 소식 없는 옛 친구도 나는 보고 싶다. 거리에서 남모르게 휴지 쓰레기 줍는 노파도 나는 좋아한다. 십자가 앞에 무릎을 꿇고 기도하는 손자 손녀의 포동포동한 두 손을 살그머니 쓰다듬어 주고 싶다.

나는 책을 좋아한다. 심금(心琴)을 울리는 음악도, 가요도 좋아하고 고대소설, 세계명작, 아름다운 글도 내 마음을 흐뭇하게 물들인다.

끝으로 하느님, 주님, 성모님과 성경, 나아가 내 가족, 친지 친구를 억지말로 더 좋아한다면 전언(前言)사랑을, 사랑의 외도(外道)라 힐난(詰難)할까 저어하는 마음도 감출 수 없다.

좋아함의 반대는 싫어함이요, 미워함이다. 싫음과 미움보다 더 나쁜 것이 어디 있으랴. 같이 있기 싫고, 도와주기 싫고, 함께하기 싫고, 보기 싫고, 헤어지고, 저주까지 하게 되는 것이다.

좋으면 사랑이 따른다. 사랑의 마음엔 일치가 따르고 희생으로 하나 되는 것이다. 하느님은 세상을 창조하시고 좋다고 말씀하셨다. 하느님은 사랑이기 때문에 인류를 구하고자 독생 성자께서 가장 비천한 인생으로 일치하여 이 세상에 오셨고 가난한 자, 병든 자, 미천한 자, 우는 자, 천대 받는 자, 소외된 자에게 기쁜 희망의 소식을 가져다 주셨으며, 사랑을 친히 실천하시며 가르치시고, 십자가를 자원하여 못 박혀 죽기까지 하시고 부활 승천하셨다.

"내가 너희에게 새 계명을 준다. 서로 사랑하여라. 내가 너희를 사랑한 것처럼 너희도 사랑하여라."(요한 13:34)라고 하셨다. 이보다 더 큰 사랑이 어디 있으랴. 개도 처음 제 새끼가 똥을 누면 어미가 핥아 먹는다. 그만큼 새끼를 사랑하기 때문이 아닐까? 사람도 그렇게 할 수 있을까?

"주님, 저희 하느님, 주님은 영광과 영예와 권능을 받기에 합당한 분이십니다. 주님께서는 만물을 창조하셨고 주님의 뜻에 따라 만물이 생겨나고 창조 되었습니다."(묵시 4:11)

"그들이 큰 소리로 말하였습니다. '살해된 어린 양은 권능과 부와 지혜와 힘과 영예와 영광과 찬미를 받기에 합당하십니다.' 그리고 나는 하늘과 땅 위와 땅 아래와 바다에 있는 모든 피조물 그 모든 곳에 있는 만물이 외치는 소리를 들었습니다. '어좌에 앉아 계신 분과 어린양께 찬미와 영예와 영광과 권세가 영원무궁하기를 빕니다.' 그러자 네 생물은 '아멘!'하고 화답하고 원로들은 엎드려 경배하였습니다.(묵시 4:11, 5:12,13)

03. 가장 행복한 시간

소란한 곳이나 여럿이 있는 곳에서는 마음을 통일하기가 어렵고 사색을 집중하기가 쉽지 않다. 기도할 때에도 시끄러운 곳보다는 조용한 곳이 좋고 여럿이 있는 곳보다는 사람이 적은 곳일수록 좋다.

불교계의 고승들은 조용한 곳을 좋아하였다. 본찰보다는 떨어진 작은 암자에서 동안거, 하안거 수행으로 득도를 흔히 하였다. 우리나라 천주교 초기 선조들 이승훈, 정약전, 정약용, 정약종, 권상학, 김원성, 이종억, 권철신 등이 앵자산 깊은 산속 천진암에서 교리연구에 열중하였지 않았던가. 또 사미인곡, 관동별곡, 성산별곡 등으로 이름난 정철이나 목민심서, 흠흠신서, 경세유표를 지은 다산 정약용 같은 분들도 유배지에서 세상 온갖 잡념을 떨쳐버리고 경험하고, 보고, 느끼고, 생각한 것을 정리하여 불후의 명저를 탄생시킨 것이다.

홀로 조용히 앉아 깊은 사색에 잠기니 삶이 무엇인지, 진리가 어디에 있는지, 식물, 동물, 그리고 자연의 꿈틀거림 속에서 새로운 생각들이 떠오르고 새로운 눈이 뜨이기 시작하여 위대한 지혜가 마음을 바르게 이끌고 참삶이 전개되었으리라. 이렇게 사람에게는 홀로의 공간도 필요하고 홀로의 시간도 필요한 것이다.

아씨시의 성 프란치스코는 자주 산속의 동굴을 찾아서 주님을 만나고 주님과 대화와 사랑을 나누지 않았던가. 예수님께서도 자주 한적한 산으로 가셔서 기도하셨다. 영광스러운 변모 때도 그랬고, 잡혀가시기 직전에도 그랬다.

한낮 한적한 성당에 들어가 잠시나마 감실 안에 계신 예수님과 대좌하여 대화하는 것, 간절히 소망을 청하는 것이 참 좋다. 세상 모든 잡념을 떨쳐버리고 예수님 앞에 앉으면 참으로 좋다. 내가 기도하고 싶은 사람 하나하나 떠올리며 예수님과 이야기하고 나면 마음이 그렇게 후련하고 기쁠 수가 없다. 그 시간이 가장 행복한 시간인 것 같다.

또 성경을 묵상하고 주님과 대화하는 시간을 자주 갖고 싶지 않은가? 기도에 단맛을 느끼고 기쁨을 나누고 괴로움을 나눌 때 큰 행복과 위안을 느끼는 것 같다.

04. 붉은 무덤

고려 말 최영 장군은 어렸을 때 아버지로부터 견금여토(見金如土: 황금을 보기를 흙같이 하라)라는 말씀을 들었다. 장군은 아버지의 이 가르침을 잊지 않기 위해서 이 네 글자를 써서 허리띠에 달고 살았다. 장군은 고려 말 높은 벼슬에 올랐으나 겨우 먹고 사는데 만족하고 재산을 탐내지 않았다.

하루는 선비 한 사람이 닭을 한 마리 가져왔다.

"대감님 이렇게 조그만 것입니다마는 대감님의 은혜를 입었기에 집에서 기른 닭을 한 마리 가져왔으니 받아주십시오."

"네가 보인 마음으로 네 정을 충분히 알았으니 그 닭을 가지고 가서 네 어머니께 봉양하라."

"대감님 이 닭이 아니라도 어머니 봉양할 닭이 열 마리 있으니 걱정 마시고 받아주시기 바랍니다."

"네가 나를 어찌 알고 이러느냐? 내가 너의 청을 들어 주기 위해서 어버이의 가르침을 따르지 않는 불효자가 되란 말이냐?"

최영 대감의 호령에 그 선비는 기가 죽어 그대로 돌아갈 수밖에 없었다고 한다.

당시 재상들은 호화로운 생활을 하면서 바둑을 두며 노는데 시간을 보내곤 하였다. 서로 돌려가며 먹고 즐기는 잔치를 벌였는데 최대감 집 차례가 되었다. 한낮이 되어도 아무것도 내놓지 않았다.

"최대감 먹을 것 안 주시겠소?"

"기다려 보시오, 맛있는 반찬 준비하느라고 좀 늦는 모양이오"

그러나 두 시간 세 시간 네 시간이 지나도 나오지를 않아 다시 재촉하였다.

"가진 것이 없어서 이것저것 장만하느라 시간이 걸리는가 보오"

"그만 아무거나 좀 내놓으시오."

"기다리면 한 가지라도 더 오를 것인데 뭘 그리 급하시오?"

재상들은 특별한 요리를 먹게 되나 보다고 기다릴 수밖에 없는데 저녁때가 다 되어 드디어 나오는 상은 기장 좁쌀에 쌀이 드문드문 섞인 밥과 무시래기 국, 야채 무침 두어 가지 뿐이었다. 그러나 배고픈 참이라 남김없이 먹어치웠다.

"칠성(최영 시호 칠성부원군) 집 밥맛이 참 좋구려, 허허!"

"이것이 용병(用兵:병사를 다스림)하는 술모이오."

다른 재상들 집만큼 음식을 차릴 수 없는 최영 재상은 배가 고파 아무것이나 먹을 때를 기다려 음식을 내놓은 것이었다. 욕심을 가지지 않는 최영 장군의 평생모습이었다.

최영 장군은 원나라가 차지한 압록강 서안의 영토를 넓혔으며 침입하는 홍건적을 물리치고 조일신의 난, 최유의 난, 제주 묵호의 난을 평정하였다. 명나라가 북변 일대를 요동에 예속시키려하자 요동정벌에 나섰으나 이성계의 위화도 회군으로 실패, 이성계와 싸우다 실패하여 참형을 당하였다.

마지막 형장에서 "내 자신이 나쁜 짓은 조금도 하지 않았으며 사리사욕을 버리고 오직 나라를 위하여 살아 왔는데 만약 내가 그렇지 않았다면 내 무덤 위에 풀이 날 것이고 그렇다면 풀도 나지 않을 것이다." 하였다. 최영 장군의 무덤은 경기도 고양시에 있는데 지금까지 풀이 나지 않는 벌거벗은 무덤이라 흔히 홍분(紅墳:붉은무덤)이라 부른다.

뜻밖에 벌어진 노무현 대통령의 자살사건과 재산 축재, 부귀영달에 몰두하는 오늘날의 일부 정치 사회 지도층의 행태를 보면서 최영 장군을 떠올려 보는 것이다. 부귀영화는 뜬구름인데……. 영원한 생명을 위해서는 어떻게 해야 하는가?

"너희는 자신을 위하여 보물을 땅에 두지 마라. 땅에서는 좀과 녹이 망가뜨리고 도둑들이 뚫고 들어와 훔쳐간다. 그러므로 하늘에 보물을 쌓아라.…… 사실 너의 보물이 있는 곳에 너의 마음도 있다.(마태 6:19)

05. 북치고 춤추며 수금과 비파로 주님 찬미

여러 사람이 한 곳에 있을 때 마음을 모아 일치시키고 단합시키는 방법 중 하나는 노래와 율동을 시키는 것이다. 모두가 아는 노래 좋아하는 노래를 부르면 모두 일치를 이루어 한 곳에 집중하게 된다. 각자 이야기하고 각기 행동하다가도 모두 멈추고 한 곳으로 주목한다.

노래는 가사가 좋아야 한다. 마음에서 우러나는 감정과 상황을 좋은 문구로 요약되어야 좋은 가사다. 곡은 음의 높낮이나 장단 강약 등 멜로디의 흐름이 가사에 맞게 잘 나타내는 악상이어야 좋다. 가사와 곡이 잘 어울려야 좋은 노래다. 노래를 부를 때 눈물이 솟아나고 가슴이 메고 목이 메는 일이 있는데 왜 그럴까? 기쁜 노래는 기뻐서 목이 메고 애절한 노래는 애원하는 마음이 간절하여 눈물이 솟아나고, 슬픈 노래는 가슴이 메어 울음 반, 노래 반이 되지 않는가? 예술 중에서 대중성이 가장 높은 것이 음악인 것 같다.

예술은 사람의 마음을 넉넉하게 하고 부드럽게 하고 아름답게 해 준다. 예술은 인생 삶의 최고봉이라고 말하는 이도 있다. 어쨌든 예술은 미(美)요, 정(情)이요, 심(心)이다. 인생을 값지게 하는 것, 그래서 인생은 짧고 예술은 길다고 했던가? 역사를 볼 때 태평성대에 문화와 예술이 꽃을 피우지 아니했던가.

우리나라는 요즈음 다방면에 세계의 이목을 끌고 있는 것 같다. 6.25전쟁의 폐허에서 이룩한 한강의 기적인 경제성장, 스포츠에서의 우수한 기능, 의학 과학 기술의 발달, 예술분야의 놀라운 성장 등을 들어본다. 국토 면적은 세계 200여국 중 중간인 107위, 인구는 26위란다. 면적은 작은 편에 속하지만 인구는 많은 쪽에 속한다. 이렇게 인구가 많다보니 경쟁이 치열할 수밖에 없으며, 경쟁하며 살아가려니 어려움이 뒤따른다. 선진국의 대열에서 좀 뒤지지만 우수한 민족성과 끈기와 근면과 지혜와 의욕과 우수한 두뇌가 장래를 보장해 줄 것이라 믿어도 될 것 같다. 우리 국민이 안주하지 않고 노력을 기울일 때 "하늘이 일어선 자를 돕는다." 머지않아 세계에 우뚝 서리라.

우리 국민성이 남 앞에 나서기를 별로 좋아하지 않는다. 자부심이 약하다. 겸손의 미덕이 강해서인지는 모르지만 자신을 과소평가하고 낮추는 경향이 많다고 생각하며 어느 정도 자부심도 필요하다고 생각한다.

민족마다 독특한 풍습과 민요나 음악이 있으나 우리나라의 전통음악은 독특한 면이 강하다. 광복 후 나라가 세계를 향하여 발을 넓히자 서구 노래를 매우 좋아하는 사람들이 많았고 우리 노래는 낮게 보는 면도 있었다. 우리 조상들이 기려온 음악, 애창해온 민요, 가요, 이제는 높이 내세울 만 하다고 생각한다. 산타루치아, 오 쏠레미오…… 이러한 것보다 성불사의 밤, 장안사, 물 밑에 선 봉선화, 뜸북새, 아리랑, 달아달아 밝은 달아, 타령, 선구자…… 등은 즐겨 부르며 세계에 자랑할 만한 노래다. 요즈음 신세대들이 좋아하는 가곡도 많지만 옛날부터 우리 정서가 담긴 노래들을 세계무대에 선전해볼 만하다고 생각한다.

창미사, 국악미사, 여러 가지 악기를 동원하고 여러 파트가 합친 합창, 우리 고유 음악으로 하는 국악미사가 참 좋다. 3박자로 국악과 장구가 동원되면 궁뎅이가 들썩들썩 어깨춤이 절로 나면서 하느님을 찬양하는 미사 얼마나 좋은가? 북 치고 장구 치고, 피리, 해금, 가야금을 동원하여 드리는 국악미사 했으면 참 좋으련만…….

우리 본당 성가대 수준이 매우 좋아졌다. 많지 않은 대원이지만 몇 사람들이 열심히 연습하여 고운 목소리로 마음을 다하여 미사 때 부르는 것이 참으로 아름답다. 옛날 시골, 제비가 많을 때 처마 끝에 제비가 집을 짓고 알이 깨면 제비 내외가 먹이를 물고와 새끼제비에게 주려면 새끼 모두가 짹짹거리며 입을 쫙 벌린다. 우리 성당 성가대들은 제복 입고 곱게 단장하고 열심히 부르는 모습은 어미에게 먹이를 달라는 새끼제비와 같이 하느님께 애원하고 하느님 찬양하는 그 입이 참으로 예쁘게 보였다. 천사들의 합창이라 생각된다.

어느 성가대원의 말 "하느님께 드리는 기도니 집에서 떠날 때부터 목소리를 가다듬어 잘 부르도록 기도하며 성당에 와서는 가사를 마음 속에서 음미하며 온 정성을 다하여 부릅니다." 그러니 얼마나 아름답고 예쁜 모습인가? 우리 신자들이 참으로 본받고 감사해야 할 일이다. 하늘과 온 세상에 울려 퍼지지 않겠는가? 우리 다 함께 마음을 다하여 하느님 찬미 드리자.

하느님을 찬양하는 노래로 가득한 시편 마지막 149~150을 보자.

"하느님께 노래하여라. 새로운 노래를
충실한 이들의 모임에서 찬양 노래 불러라
…………………………

춤추며 그분의 이름을 찬양하고
손북과 비파로 찬미 노래 드려라
……………………………
알렐루야
하느님을 찬양하여라. 그분의 성소에서
하느님을 찬양하여라. 그분의 위대한 창공에서
하느님을 찬양하여라. 그분의 위업으로
하느님을 찬양하여라. 그분의 가없는 위대함으로

하느님을 찬양하여라. 뿔나팔 불며
하느님을 찬양하여라. 수금과 비파로
하느님을 찬양하여라. 손북과 춤으로
찬양하여라. 하느님을 현악기와 피리로
하느님을 찬양하여라. 낭랑한 자바라로
하느님을 찬양하여라. 우렁찬 자바라로
숨 쉬는 것 모두 주님을 찬양하여라.
알렐루야"

06. 낙지자(樂之者)

초등학교 교문 앞 차도에서 교통정리 봉사하는 분의 이야기다. 요즈음 학생들의 인사가 부족함을 생각하고 칠순이 넘은 자기가 인사를 해 보겠다 생각하고 꼬마들에게 "안녕하세요? 반갑습니다." 고개 숙여 인사를 계속했단다. 그로부터 어린이들의 인사가 달라져 지나가는 모든 어린이가 이 교통할아버지께 큰 소리로 "안녕하세요?" 웃는 얼굴로 경쟁하듯 한단다. 이렇게 변한 어린이들을 보고 그 학교 교장이 이 노인께 "우리 학교 어린이들이 할아버지 덕분에 인사성 뿐만 아니라 명랑해지고 활달해졌다."면서 "우리학교 어린이들의 인성교육을 저희가 제대로 못해왔는데 할아버지가 인사를 통해서 교육을 바꾸어 놓았다."며 교사, 어린이 모두 상호 적극적인 인사 풍토가 조성되어 기쁘다고 감사하였다고 한다.

지지자(知之者)는 불여호지자(不如好之者)요,
호지자(好之者)는 불여락지자(不如樂之者)라.

안다는 것은 좋아함만 못하고 좋아함은 즐거워함만 못하다는 것이다. 먼저 아는 데서부터 출발한다. 알아야 좋아할 수 있고 좋아해야 즐거울 수 있다 하니 즐거움이 상위라는 것이다. 사람의 삶에 있어서 어떻게 해야 즐거울 수 있을까? 폭넓게 그리고 깊이 알아야겠다. 인간 상호작용에 있어서 알아야 좋아할 수 있는 것이다. 좋아하는 중에는 벽이 없고 벽이 없으니 상통할 수 있고 상통하면 상호 인정하게 되니 기쁠 수밖에 없다.

여기에 또 하나의 약재로 등장하는 것이 나눔이다. 기쁨도 즐거움도 슬픔도 괴로움도 나눔이 필요한 것이다. 기쁨은 나누면 작아지는 것이 아니라 배로 커지고, 슬픔은 나누면 반으로 줄어든단다. 즐거움도 나누면 작아지는 것이 아니라 배로 커지고 괴로움도 나누면 반으로 줄어드니 얼마나 좋은가? 가진 것이 없으면 나눌 수 없고 많으면 많이 나눌 수 있다.

가진 것에는 물질적인 것과 정신적인 것이 있다. 물질적인 것보다는 정신적인 것이 상위다. 물질적인 것은 쉽게 변할 수도 있고 없어질 수도 있고 도난당할 수도 있다. 그러나 정신적인 것은 남이 빼앗아 갈 수도 없다.

소망, 믿음, 사랑 그리고 웃음, 농담, 정, 기쁨, 즐거움, 이런 것들은 정신적인 면에서 나오는 것이므로 얼마든지 클 수도 있고, 따라서 얼마든지 나누어 줄 수 있고, 나누어 준다고 물질처럼 줄어드는 것이 아니라 나눌수록 커지는 것이다. 말과 행동과 표현으로 나누면 되지 않겠는가? 정신적인 재산이 풍부할수록 그 인생은 풍부한 부자요, 인생다운 인생임에 틀림이 없다. 말 한 마디라도 남에게 상처를 주지 말고 기쁨을 주자. 사소한 일이라도. 앞에서 예를 든 교통정리 노인처럼, 농담 나누자, 웃음 나누자, 기쁨 나누자. 지전도, 동전도, 육신의 피도, 안

구도, 장기도, 시신도, 그리고 괴로움, 칭찬, 사랑, 소망, 믿음, 모든 것을 주님께서 공짜로 주셨는데……

"너희가 거저 받았으니 거저 주어라."(마태오 10:8)

07. 천덕꾸러기 친구

어린소녀 세라가 추운 겨울날 맨발에 너덜너덜 누더기 옷을 걸치고 온종일 굶어 눈이 퀭한 모습으로 저녁 늦은 시간에 심부름을 다녀오는 길이었다. 길가의 웅덩이에서 반짝반짝 빛나는 것이 있어 주워보니 4펜스짜리 은화였다. 길 건너 빵 가게가 보여 '이 은화가 빵가게 주인의 것이 아닐까' 생각되어 "아주머니, 이 은화를 잃어버린 적 없으세요?" 묻자, 아주머니는 이 불쌍한 거지소녀를 보면서 대답하였다.

"아니, 나는 잃어버리지 않았단다. 누가 잃어 버렸는지 모르니 네가 가지렴."

"혹시나 하고 여쭤본 거예요."

"너는 참 착한 아이로구나."

세라가 말하였다. "빵을 주세요. 1펜스짜리 네 개요." 빵집 아주머니는 한 봉지에 네 개가 아니라 6개를 담아주었다. "4펜스밖에 없는데요." "두 개는 덤이란다. 몹시 배가 고프지?" "예, 배가 고파요. 하지만 고맙습니다." 나오면서 아까 본 계단에 웅크리고 앉아있는 거지 소녀에게로 갔다. 세라는 먹지 않고 그 어린 거지소녀에게 주었다.

"자, 따뜻한 빵이야. 어서 먹어라."

빵집 아주머니는 고개를 끄덕이며 혼자 중얼거렸다. '그 아이는 한 개만 먹었구나. 6개를 다 먹었어도 배가 부르지 않을 텐데. 그렇게 빨리 가버리지만 않았으면 열개라도 더 주었을 텐데.'

영국태생 미국의 유명한 작가 프란시스 버넷이 지은 '소공녀' 한 부분이다. 세라는 유년시절 엄마를 잃고 대령 아버지와 공주처럼 아무 걱정 없이 행복하게 살았으나, 아버지가 사업실패와 동시에 사망하여 갑자기 고아가 되었다. 어린 하녀로 전락되어 민친선생의 온갖 학대와 구박을 받으며 살았다. 그러나 세라는 자기 같은 불쌍한 친구들의 가장 친한 벗이 되어주고 어려운 친구들을 따뜻하게 감싸줄 줄 아는 아량을 베풀며 아무리 어려워도 꿈을 잃지 않고 아무리 슬퍼도 웃음을 잃지 않는 따뜻하고 고운 마음씨를 지니며 살아와서 드디어 행복을 되찾았다.

우리가 살아가면서 늘 평탄한 길만 갈 수는 없다. 때로는 자갈길도, 때로는 험한 산길도, 눈길도, 때로는 굽이치는 냇물도 건너가야 한다. 이 따뜻하고 동정심이 많고, 곱고 용기를 북돋아주는 예쁜 세라의 친구가 되기를 바라며, 특히 청소년들과 부모님께 권하고 싶은 책이다.

"이웃의 연약함을 보고 자기가 비슷한 경우에 처했을 때 그 이웃이 부축해주기를 원하는 것처럼 그 이웃을 부축해주는 사람은 복됩니다. 실상 어떤 것이라도 자신을 위해 남겨두는 사람은 자기 주 하느님의 돈을 자기 안에 묻어두는 사람이 되며 가지고 있는 것마저 빼앗길 것입니다."(성 프란치스코의 영적권고 18)

08. 죽을 사람을 살린 소녀

깡패 두목으로 포악하기 비할 데 없는 한 청년이 있었다. 그는 거리의 무법자였다. 사람의 생명을 초개처럼 여기고 흉기와 주먹을 휘둘러 많은 사람을 죽였다. 결국 사형 선고를 받고 교도소로 갔다.

교도소 내에서도 포악하여 마구 주먹을 휘두르고 분이 풀리지 않으면 쇠붙이, 비닐, 유리, 돌 등 닥치는 대로 집어 삼키는 불가사리와 같은 사람이었다. 바늘, 핀, 못 등 닥치는 대로 집어먹어 교도관들을 애먹이고 위 수술을 다섯 번이나 하였다. 그래서 교도소 내에서 사건이 벌어질 때마다 어쩔 수 없이 타 교도소로 이관되었다. 그는 스스로 삶을 완전히 포기한 사람이었다.

그런데 어느 날 편지 한 장이 날아왔다. 인생을 포기하지 말고 열심히 살라는 내용이었다. 그로부터 매주 한 통씩 편지가 날아왔다. 희망을 가지고 밝은 태양을 보며 푸른 하늘 쳐다보고 살라는 격려의 편지였다. 처음에는 그저 그런 편지려니 하고 찢어 버렸다. 그런데 알고 보니 그 소녀는 옛날 고향에서 학교 다닐 때 동창의 여동생이었다.

계속되는 애절한 편지를 받으면서 무쇠처럼 딱딱하고 미움과 시기와 악만 남아 천하에서 찾아볼 수 없이 포악했던 이 사형수는 점차 마음의 변화가 찾아오기 시작했다. 점차 사랑의 싹이 트기 시작했고 삶에 대한 한 가닥의 욕망이 싹트기 시작했다.

그녀의 꾸밈없는 소박한 편지와 그리스도의 사랑에 대한 이야기, 그리고 그녀가 보내주는 책을 읽으면서 삶을 포기한 굳고 굳었던 마음이 풀리기 시작했던 것이다. 그리하여 매일 편지가 오가게 되었고 이에 사랑이 싹터 모범수로 변하여 사형에서 무기징역으로 감형되었다. 교도소 내에서 서화를 익혀 국전에서도 특선을 여러 번 하여 초대작가가 되었다. 그녀의 권고에 따라 성경을 읽고 교리를 배워 가톨릭신자가 되었으며 사회에 나와 그녀와 함께 행복의 보금자리를 마련할 꿈을 꾸면서 그녀와의 사랑의 속삭임이 이십년이 지났다.

그녀는 이 남자가 교도소에서 나올 때까지 늙어 꼬부러지더라도 인생이 다하는 날까지 결혼을 하지 않고 오직 이 남자만을 기다리겠다고 사랑을 고백하며 살아왔다. 드디어 이십오년 만에 사면되어 나와 그립고 그리운 그녀와 사랑의 보금자리를 만들고 꿀맛 나는 삶을 살게 되었다. 사형 길에서 다시 살려낸 이 아가씨의 눈물겹고 끈기 있는 사랑의 결실이었다.

사랑이 이렇게 위대한 것인가? 총칼로도 꺾을 수 없고, 대포로도 꺾을 수 없으며, 핵무기로도 꺾을 수 없는 것을 봄눈처럼 녹일 수 있는 것은 사랑뿐이다. 용기를 불어 넣어주는 사랑, 실망을 희망으로 바꾸어 주는 사랑, 힘을 일으켜주는 사랑, 죽음을 생명으로 이끌어주는 사랑, 그래서 사랑보다 더 위대한 것은 없다고 했던가? 이 세상에 사랑이 충만할 때 밝고 아름다운 새 생명이 비칠 것이다.

"사랑은 모든 것 덮어주고, 모든 것을 믿으며, 모든 것을 바라고, 모든 것을 견디어 냅니다."(1코린 13:7)

09. 수호성인

우리 천주교회에는 수호성인이 있다. 우리나라 천주교의 수호성인, 교구의 수호성인, 그 성당의 수호성인, 마을의 수호성인, 단체의 수호성인, 그리고 개인의 수호성인이 있다. 수호성인이란 개인이나 지역 또는 단체를 특별히 보호해 달라는 뜻에서 어느 성인이나 천사를 지정하여 전달을 구하는 것이다. 우리나라는 성모님과 요셉 성인을, 대전교구는 루르드의 성모님을, 우리 진잠성당에서는 정원지 베드로와 한재권 요셉성인을 수호(주보: 主保)성인으로 모시고 있다.

개인은 누구나 다 세례 때에 수호성인(세례명)을 정한다. 그 성인의 행적을 따라서 살고자 하는 뜻이 있으므로 행적을 잘 알아야하며 특별히 자기를 봉헌하고 공경하고 자기의 뜻이 이루어지게 그 성인의 전달을 구해야 하는 것이다.

수호성인의 기원은 교회 초기 순교자의 묘지 위에 성당을 건립할 때 그 성인을 수호성인으로 모셨던 관습에서 비롯된다. 3세기 무렵까지는 순교자만이 성당의 수호성인이 될 수 있었는데 천주교가 로마의 국교로 공인된 역사의 전환점이라 할 수 있는 밀라노 칙령(서기 313)이후 확대된 것이다.

수호성인을 정했으면 그 성인을 특별히 공경하고 내 소원을 전구(傳求)해 달라고 함이 좋은 일이다. 자기 수호성인의 행적을 모르고, 공경하지 않고, 전구하지 않는 신자들이 많은 것 같다. 신부님의 세례명 축일이나 서품 기념일에 신자들이 성대히 축하드리는 일은 마땅한 일이다. 생일은 본인 뜻과 무관하게 육신으로는 부모님으로부터 태어난 날이지만, 세례는 영적인 면에서 내 뜻으로 택한 뜻 깊은 날인 것이다. 그래서 세례일이나 영명축일을 뜻깊게 보내는 것이 중요하고 좋은 일인 것이다.

나는 매우 부족한 사람이지만 내 수호성인과 내 수호천사 기도문을 만들어서 매일 아침기도 때에 함께 기도를 드린다. 주님의 기도와 성모송처럼 전반부는 수호성인 찬양, 후반부는 나의 소망을 담았다. 이렇게 날마다 기도하니 틀림없이 수호성인께서는 기쁘게 나의 기도를 하느님께 전구해 주실 것이고 나를 좋아하실 것이다.

그리고 또한, 나의 수호천사께도 내가 만든 기도문으로 매일 한 번씩 기도를 드린다. 참고로 나의 수호성인께 드리는 기도문을 소개하고자 한다.

나의 수호성인께

◎ 지상 덕행의 풍족한 갚음을 천국에서 누리시는 니꼴라오 성인님, 저는 비록 미약하고 비천한 죄인이오나 영세 때에 영광스러이 당신의 거룩한 이름을 받았나이다.

○ 성인께서는 이 세상에 계실 때에 어린이와 가난한 이를 지극한 애정으로 보살피셨나이다.

◎ 요셉 성인님, 동정마리아의 배필로서 예수님과 지극한 정성으로

보살펴 구원사업의 일익을 다하시어 성가정의 수호성인, 노동자의 수호성인, 임종하는 이의 수호성인, 한국의 수호성인 되시어, 저의 수호성인으로 견진성사 받을 때에 택했나이다.

○ 저는 두 분 수호성인께서 닦으신 덕행을 생각하고 힘써 본받으려 하나 항상 부족하여 송구스런 마음 금치 못하겠사오니 미천한 저를 사랑으로 용서하시고 감싸주시어, 생각과 말과 행위로 성인의 착하시고 올바른 표양을 따르고 사후에는 하늘에서 당신과 함께 주님 찬양하는 행복을 누릴 수 있도록 하느님께 전구해 주소서. 아멘.

10. 아장아장 뛰다

사람이 부모로부터 태어나서 열 살이면 한창 무럭무럭 클 때다. 부모의 양육으로 엎치고 기고 앉고, 일어서고 걷고 뛰어다니게 된다. 열 살쯤이 되면 제법 사리분별도 하게 되는 것이다. 우리 진잠본당도 이제 15살이 되어 유년시절을 지나 성장기에 들어섰고 살아나갈 집도 마련됐고 어느 정도 신앙의 틀도 잡혀가는 것 같다.

성당에 들어서면 아름답게 꾸며놓은 제대 꽃이 첫 눈에 들어온다. 어느 본당에 못지않게 잘 꾸며놓은 우리 본당의 제대 꽃, 꽃꽂이 전문가의 정성에 의하여 다양한 재료를 준비해서 꾸며놓은 그 공로를 무심히 지나친다면 아쉬운 일이 아닐지. 미사 드릴 제대를 예쁘게 꾸미기 위해서 턱없이 부족한 돈을 가지고 갖가지 재료를 장만하여 꽃꽂이를 하고 있는 담당자, 최소한의 예산이라도 뒷받침해주어야 한다고 생각한다. 예쁘게 장식한 제대에서 미사를 드릴 때 저절로 기쁨의 기도와 찬미가 흘러나오지 않는가.

말끔하게 차리고 목청을 가다듬어 부르는 성가대의 미소를 가득 실은 노래 소리는 우리의 마음을 저절로 하느님 찬양으로 이끌어 주기에 충분하다. 특히 우리 본당 평화 인사 때의 서로 주고받는 평화 나눔은 흐뭇하기를 어디에 비하랴. "평화 있기를……" 웃음 가득히 머금고 비는 평화의 인사, 참으로 모든 교우들께 평화와 사랑과 기쁨이 충만히 내릴 것이다. 샬롬 샬롬 샬롬!!!

"주님께 노래하여라. 새로운 노래를 충실한 이들의 모임에서 찬양 노래를 불러라. 춤추며 그분의 이름을 찬양하고 손북과 비파로 찬미 노래 드려라. 주님께서 당신 백성을 좋아하시고 가난한 이들을 구원으로 꾸미신다. 충실한 이들은 영광 속에 기뻐 뛰며 자기들의 자리에서 환호하여라."(시편 149:1, 3~5)

바쁜 중에도 시간을 내어 준비하는 성가대의 노고에 대하여 치하해야 할 일이다. 몸과 마음을 아름다운 노랫소리에 싣고 하느님을 찬양하는 미사성가, 가슴 뿌듯하지 않은가.

요즈음 잘되어 나가는 것 중에서 연령회도 들 수 있겠다. 사람이 아무리 열심히 살아왔다 해도 이 세상 마지막 임종을 잘못하면 그간의 수고가 무슨 소용인가. 내가 죽음에 임박했다 생각해 볼만한 일이다. 임종을 돕는 일, 그리고 연도, 장례예절, 얼마나 값진 일인가? 요즈음은 선교의 좋은 기회인 상장례 신자들의 활동이 좋아졌으니 무척 기쁜 일이다. 신부님께서 교구장님의 사목지표의 실천에 좋은 계획을 가지고 실천하시려 하시니 우리들은 자기 역량껏 뛰어야겠다. 우리도 이제는 아장아장 뛸 수 있지 않겠는가? 누구를 위하여? 공동체를 위하여 결국은 우리 각자 자신을 위한 일이 아닌가 싶다.

11. 어느 수도자의 부모

2남 2녀를 둔 사람이 있었다. 경제 형편도 남부럽지 않게 살고 있었고, 자녀들도 학교공부를 잘하며 학업을 마쳤다. 그런데, 4남매 자녀들과 어머니는 성당에 잘 다니는데, 아버지는 직장 핑계로 영세도 안 한 상태였다. 그의 두 자녀는 결혼했지만, 아래 두 자녀는 대학을 갓 나오고 주일학교 교사 활동, 청년회 활동을 열심히 하면서 수도자의 꿈을 꾸고 있었다. 하지만 수도자가 되겠다고 하니 어머니는 찬성하나 아버지는 절대 반대였다.

아버지는 이 핑계 저 핑계 대며 영세도 하지 않았으니 그럴 수밖에. 성당에 다니는 것도 탐탁지 않았는데 수도자가 되겠다고 하니, 결혼시켜 세속 만족을 채우고 싶은 속인으로서는 허락이 안 되는 일이었다. 사람이 결혼하여 아들 딸 낳고 영화누리며 잘살아야지 일생을 처녀 총각 독신으로 살면 무슨 맛으로 사느냐며 절대 반대를 하였다. 남편의 완강한 반대에 부닥친 어머니는 고민이 이만저만이 아니었다.

그러던 어느 날, 딸이 없어지더니, 얼마 지나지 않아서 아들마저 없어졌다. 그리고는 얼마 있다가 집을 나간 아들과 딸이 돌아왔다. 그들은 수도원에 가고자 나갔다 돌아온 것이었다. 어머니 아버지는 그들이 돌아왔으니 얼마나 반가웠겠는가. 그리고 차근차근 이야기를 해보니 이들의 뜻을 꺾을 수 없는 것이었다.

아버지는, 훌륭한 수도자가 되고자 자기들의 장래를 스스로 결정하고 그 길을 가겠다고 엎드려서 울며 호소하는 그들의 굳은 결심을 꺾을 수가 없어서, 결국 "나는 모르겠다. 그 길을 기어코 간다면 나는 자식 없는 셈 치겠으니 다시는 내 앞에 나타나지 말아라." 하고 엄단을 내렸다. 그렇게 남매는 각각 남자수도원, 여자수도원으로 들어가게 되었다.

열심히 한 해 두 해 수도의 길을 걸으면서 그들은 큰 상처를 남겨준 아버지께 자주 편지를 보냈다. 그렇게 부모님의 건강과 행복을 기원하는 지극한 효성의 편지를 받으면서 아버지의 마음이 풀리기 시작했다. 부모를 사랑하고, 하느님을 사랑하고, 인류를 사랑하는 수도자 자녀의 구구절절 애절한 편지가 자주 오고, 달이 가고 해가 감에 따라, 아버지는 감동되어 스스로 성당에 나가게 되었고 영세도 받고 열심히 기도하며 살게 되었다. 그리하여 지금도 수도자의 부모로 손색없이 살려고 노력하고 있다고 한다.

그 부모는 "내 자식들이 처녀 총각으로 사니 우리도 그 애들을 위하여 한 가지라도 달라야 하지 않겠는가."라며 성무일도를 매일 바치며 속죄와 희생의 뜻으로 부부 잠자리도 금욕의 길을 걷고 있단다. 부모로서 수도자의 길을 조금이나마 걷고 있으니 얼마나 훌륭한 부모인가? 지금 같이 편한 세상에서 인고와 희생의 쌍곡선 상에서 참으로 값진 인생살이라 하지 않을 수 없다. 수도자의 길을 가는 본인은 말할 수 없거니와 보내는 부모의 마음에서도 대단한 용단 없이는 이룰 수 없는 일이다. 온갖 세속 유혹 떨쳐버리고 예수님과 결혼(?)하는 수도자들,

하느님의 뜻을 이루고 세계 인류 평화와 행복을 위해서 십자가를 지고 가는 수도자들께, 머리가 숙여지지 않을 수 없다.

"모태에서부터 고자로 태어난 이들도 있고 사람 손에 고자가 된 이들도 있으며, 하늘나라 때문에 스스로 고자가 되는 이들도 있다. 받아들일 수 있는 사람은 받아들여라."(마태 19:12) 이혼을 해서는 안 된다는 말씀을 하시면서 하늘나라 때문에 스스로 고자가 되는 이들, 즉 수사 · 수녀님, 신부님들과 같은 분들에 대한 말씀이다.

"받아들일 수 있는 사람은 받아들여라". 다음 주일은 성소주일이다. 성소는 하느님의 부르심인데, 누구에게나 성소가 있고, 각각 다양하다. 아들 딸 많이 낳아서 성직자 수도자로 골고루 보냈으면 얼마나 좋으랴!

12. 손님이 된 강도

어느 집에 도둑청년이 들어 왔다. 그 집에 여대생이 혼자 있었는데 흉기를 들이 대며 돈을 내놓으라고 하자 여대생은 호주머니를 털어 있는 돈을 모두 건네주었다.

때 마침 할머니가 오셨다. 이 여대생은 태연한 표정으로 할머니에게 도둑을 친구라고 소개하였다. 그러자 할머니는 차와 과일을 차려 내놓았다. 얼떨결에 손님 대접을 받은 이 청년은 그릇과 포크에 지문을 남긴 채 차와 과일을 먹고 인사하고 사라졌다.

바로 경찰에 신고하자 결국은 지문 때문에 도둑은 잡히게 되었다. 도둑을 침착하게 친구로 소개하는 지혜를 발휘하여 하마터면 흉기로 찔려 죽을 뻔한 목숨을 건졌고 아무 사고 없이 쉽게 경찰에서 잡을 수 있게 한 것이다. 도둑을 친구로 대접해서 피해를 면하고 잡을 수 있게 한 그 여대생의 기지는 얼마나 훌륭한가? 어려움에 처했을 때 당황하지 않고 침착하게 행동한 그 여대생, 그 무서운 상황에서 '도둑이야!' 소리쳤다면 흉기에 찔려 자신도 죽고 할머니도 죽었을지도 모른다.

일본 침략기 8.15 광복 전의 이야기다. 당시 우리 국민들이 농번기나 제사 때에는 가용주가 필요하여 집에서 술을 마련하여 썼는데 세무서에서는 세금을 착취하기 위해서 해먹지 못하도록 하였다. 마을에 돌아다니면서 가택을 무작위 수색하여 거액의 벌금을 부과시켰던 것이다.

그래서 세무서에서 술조사가 나타났다하면 온 동네가 발끈 뒤집혔다. 술이 있는 집은 세무인이 오기 전에 버리거나 은밀한 곳에 숨겨놓았다. 어느 집에서는 못 들어오게 하기 위해서 부인이 방에서 배를 움켜쥐고 '아이고 배야, 아이고 배야, 뒹굴면서 아기 낳는다고 소리 질러서 그대로 돌아가게 하는 사례도 있었고 고춧가루를 뿌려 매워서 들어오지 못하게 하는 일도 있었다.

공자님 말씀에 "배우고 생각을 하지 않으면 배운 것이 분명해지지 않고 배우지 않고 생각만하면 독단에 빠지게 된다."고 하였다. 배운 뒤 생각해 보고 다시 생각해 보고 배울 때 확실한 내 지식이 되는 것이다. 배우지 않고 생각만 하면 잘못 알게 되기도 하고 그런데서 남이 말하는 쓸데없는 고집을 부리기도 하고 올바른 진리에 도달하지 못하게 된다. 지혜는 값지다.

"지혜는 하느님 권능의 숨결이고 전능하신 분의 영광의 순전한 발산이어서 어떠한 오점도 그 안으로 기어들지 못한다. 지혜는 영원한 빛의 광채고 하느님께서 하시는 활동의 더없는 거울이며 하느님 선하심의 모상이다. 그래서 하느님께서는 지혜와 함께 사는 사람만 사랑하신다. 지혜는 해보다 아름답고 어떠한 별자리보다 빼어나며 빛과 견주어 보아도 더 밝음을 알 수 있다. 밤은 빛을 밀어내지만 악은 지혜를 이겨내지 못한다."(지혜서 7:25, 26:28~30)

13. 십자가의 크기

어느 신부님 강의에서 들은 이야기다. 십자가를 지고 가야하는데 크기가 다른 많은 십자가 중에서 임의로 지고 가랬단다. 어떤 사람은 가볍고 작은 십자가를, 어떤 사람은 두께가 얇고 가벼운 십자가를, 어떤 사람은 크고 튼튼하고 무거운 십자가를, 어떤 사람은 가늘고 긴 십자가를 각자 골라서 지고 걸어서 갔단다.

작은 십자가나 가벼운 십자가를 지고 가는 사람은 어려움이 없이 걸어갔고, 큰 십자가를 진 사람은 땀을 뻘뻘 흘리면서 넘어지고 기고 쉬면서 걸어갔다. 그런데, 목표 지점에 거의 다다라서 깊은 구렁텅이(낭떠러지)가 가로로 있는 곳을 건너가야 했다. 사람들은 그 구렁텅이를 자기가 지고 온 십자가를 다리로 삼아서 건너가는데, 작고 가는 십자가를 지고 온 사람은 구렁텅이에 떨어져 박살나 버리고, 큰 십자가를 지고 온 사람은 넉넉히 다리를 놓고 건너갔다.

여기서 잠깐 생각해보자. 작은 십자가를 지고 간 사람은 이 세상살이에서 어떻게 사는 사람이며, 무거운 십자가를 지고 가서 구렁텅이를 무사히 건너간 사람은 어떻게 살아가는 사람일까? 무거워서 쉬기도 하고 넘어지기도 하고 땀을 뻘뻘 흘리며 기어간 사람은, 자기를 버리고 제 십자가를 고통과 인내와 희생으로 기꺼이 지고 살아가는 사람이리라.

우리는 지금 어떤 십자가를 택하여 살아가고 있는지, 금으로 만든 십자가, 은으로 만든 십자가, 나무로 만든 십자가가 있다고 할 때, 돈에 눈이 어두워 금으로 만든 값나가는 무거운 십자가를 택해서 지고 가다가 어푸러져서 일어나지도 못할 십자가를 택하고 있는 건 아닌지? 아니면 은 십자가? 아니면 나무 십자가? 아니면 가벼운 십자가? 아니면 남이 거들떠보지도 않으나 지고 갈 수 있는 무거운 나무 십자가?

생각해 볼 일이다. 세상 마칠 때 어떻게 나아가겠는가? "제 십자가를 지고 나를 따르라."고 하신 주님 앞에 내 십자가를 보시고 뭐라고 하실까 생각해 볼 일이다.

14. 짝사랑

내가 존경하고 가까이하는 은사님이 한 분 계시다. 연세 90이 다 되어 가시는 스승인데 가끔 만나 뵌다. 뵈올 때마다 옛날처럼 인생살이에 유익한 말씀을 70중반의 제자인 나에게 사랑이 넘치는 마음으로 해주신다.

좋은 자료를 준비해 가지고 오셔서 삶에 밑거름이 되는 교훈을 허심탄회한 분위기에서 대화를 하기 때문에 나는 참으로 고맙고 자주 뵙고 싶다. 영원한 스승의 길을 걷고 계신 스승의 마음에 존경심을 떨칠 수가 없다. 한편으로는 나의 스승의 사랑에 못 미치는 내 자신을 돌아보면서 내 스승의 사랑은 짝사랑인 것 같아 죄송스런 생각이 든다.

부모의 사랑이 자식의 사랑보다 짙으며, 대부모의 사랑이 대자녀의 사랑보다 강하고, 스승의 사랑이 제자보다 강함을 흔히 발견한다. 통례적으로 아랫사람보다 윗사람의 사랑이 큰 것 같다. 윗사람의 짝사랑이라고 해야 할까? 연어들도 종족의 번식을 위해서 수만리의 바다를 행진 자기가 태어난 민물에 가서 알을 낳고 생을 마치지 않는가? 새끼를 낳아 새끼가 자립할 수 있을 때까지 목숨을 걸고 먹이고 키우는 짐승들도 생각해 본다.

자나 깨나 자식 걱정하는 부모의 자식사랑, 자녀의 부모에 대한 사랑보다 큰 것 같고, 대자 대녀의 영신을 위하여 기도하며 걱정하는 대부 대모의 사랑, 대자녀의 대부모에 대한 사랑보다 큰 것 같다. 본당 신자들의 구령을 위하여 불철주야 연구하고 기도하며 애쓰시는 주교님, 본당 신부님들의 사랑, 우리의 마음은 그에 못 미친다고 생각된다. 이를 일컬어 짝사랑이라고 할 수 있을 것 같다.

나는 가끔 추억을 더듬을 때마다 내가 교단 현직에 있을 때 나를 거쳐 간 제자들을 떠올리곤 한다. 그들이 지금은 어떻게 살고 있을까? 기뻤던 일, 속상했던 일, 즐거웠던 일, 후회스러웠던 일, 만족했던 일 등 젊음을 불사르고 열심히 노력했던 일들을 떠올리며 그들의 장래를 빌어 보기도 한다.

신앙생활도 오래되고 보니 대자들이 여러 곳에 있다. 세례성사 때 대부모를 정하면 영적으로 부자관계가 성립되어 영적인 면에서 관심과 사랑을 깊이 실행해야 한다. 허나 그렇지 못한 경우도 많은 것 같다. 짝사랑하는 대부모가 있는가 하면 무관심한 대부모, 대자녀도 있다. 부모로서 자녀를 걱정하듯이 대자녀를 위하여 기도만이라도 날마다 해야 하지 않겠는가? 대자녀도 대부모의 뜻에 어긋나지 않도록 노력을 기울여야 할 일이다.

사랑의 근본 뿌리는 전지전능하신 하느님께서 미천한 인간으로 오셔서 갖은 모욕과 십자가에 못 박혀 죽으시기까지 쏟으신 사랑이다. 지금 우리는 하느님의 짝사랑 안에서 살고 있는 것 같다. 차이가 많은 짝사랑보다는 서로의 마음을 공유하면서, 부모의 사랑을 충분히 알고 살아가는 자녀, 사제들의 영혼구원에 힘쓰는 노력을 알고 신앙생활을 열심히 하는 신자, 대부모의 기도와 통하는 대자녀, 스승의 은덕을 알며 살아가는 제자가 되었으면 싶다. 우리의 생활이 치우친 짝사랑이 되지 않도록…….

"위로 받기보다는 위로하고 이해받기보다는 이해하고, 사랑받기보다는 사랑하게 해주소서. 자기를 줌으로써 받고, 자기를 잊음으로써 찾으며, 용서함으로써 용서 받고, 죽음으로써 영생으로 부활하리니." (프란치스코의 평화의 기도)

15. 사랑을 전하는 파랑새

지난 1950~60년대 이전은 우리나라가 매우 가난하여 살기가 어려웠던 시절이다. 문화 시설이 없었으며 교통, 통신 시설이 거의 없었기에 생활무대가 극히 좁고 제한되었다. 상설시장은 대도시에만 있었고 그 외 5일마다 서는 시골장은 주민들이 손꼽아 기다리는 날로 작은 돈으로 각종 물건을 사고팔아 삶의 활기를 띠는 기쁜 날이었다. 걸어서 멀리는 20여 킬로미터 다니니 견문이 좁고 안목이 작을 수밖에 없었다. 타동네에 사는 친지도 장날에야 만나니 5일장이야말로 서로 안부를 전하고 정을 나눌 수 있는 기쁜 날이요 장소였다.

요즈음은 교통 통신수단이 발달하여 좌견천리(坐見千里) 입견만리(立見萬里)하니 지구가 하나의 촌락과 같다고 할 만하다. 그런데, 생활은 편리해졌으나 인간상통은 날이 갈수록 점점 소원해지고 있으니 인정은 메말라가고 있는 것 같아 아쉬운 마음이다. 전에는 찾아가 만나거나 편지로 용건을 전하고 정을 나누었으나 전화로 대신하고 있으니 인정이 메마를 수밖에 없다.

자손들이 독립해서 모두 제각기 멀리 떨어져 살고 어려서 살던 옛집에는 노부모만 살고 있으니, 주말이나 월 한 번은 부모님 뵙는 날로 정하고 자손들이 모두 모이는 형제들이 있었다. 노부모는 귀찮을 수 있지만, 자손들을 보면 반갑고 좋아서 살맛이 난단다. 또한 별일이 없어도 자주 전화를 주고받고 한다니 하찮은 일이나 메말라가는 세상에 유념해 볼 만한 일이다. 애경사가 없으면 만나지 않으니 친척지간, 친구, 지인지간에도 전화 한 통화가 인간 삶에서 얼마나 큰 윤활유 역할을 하는지, 고마움과 아울러 더욱 친밀해 짐은 두말할 나위 없겠다.

어느 개신교회의 실례다. 신자, 친척, 친지, 친구들에게 한 달에 한 번씩 신자들이 전화를 하기로 했더니 결과는 어떠했을까? 중복이나 빠지는 사람이 없도록 달력에 전화할 대상을 골고루 배치하고 실시했단다. 신자끼리의 정이 두터워 단결이 잘 이루어졌으며 전화를 많이 했던 사람 중에 신자가 아니었던 사람이 교회로 많이 찾아왔단다. 전화에는 사랑과 친절과 사랑의 정이 담겨 있으므로 사랑의 기적을 이루었다고 하면 지나친 말일지 모르겠다.

만나면 웃으며 인사하고, 헤어지면 전화로 사랑을 나누고, 서로 기도하니 사랑의 기적이 이루어지리라. 성경에 나오는 환자들의 치유기적은 믿음의 기적이요, 사도들의 선교는 사랑의 기적이라고 생각한다. 비록 돈은 들어가지만 우리도 사랑의 기적을 불러오기 위하여, 친절과 웃음의 인사, 작은 일이나마 끊임없는 매일 한 통화의 전화, 어려운 일이 아니리라. 친교와 복음전파, 사랑과 신앙 촉진을 위하여.

16. 칠감사(七感謝) (1)

인생은 나그네길이라고 했던가. 나그네는 떠간다. 구름이 정처 없이 흘러가듯 바람 부는 대로 가는 것 같다. 나그네길이지만 사람에 따라 목표를 정하고 그 목표를 향하여 가기도 한다. 그러나 그 목표를 달성하는 사람이 있는가하면 그렇지 못한 경우가 많은 것 같다.

등산가는 어느 산에 오를 때 그 목표지점을 향하여 열심히 오른다. 험준한 산을 오르는 사람은 미끄러지기도 하고 넘어지기도 하며 때로는 낭떠러지에서 굴러 떨어지기도 하고 평탄한 길에서 쉬어 가기도 한다. 가는 길에서 나무도 보고 풀도 보고 돌도 보고 바위도 보며, 나비도 새도 짐승도 본다. 먹이가 맛있기도 하고, 목마르고 배고프기도 한다. 인간의 길이 그런 것이 아니겠는가?

등산가는 산을 좋아한다. 산이 좋아서 그 높고 험준한 산을 사랑하기에 그 어려움을 이겨내는 것이다. 이 세상 삶이 한 곳에 머물지 않고 쉼 없이 가야하는 나그네 길인 것이다. 뛰면서 등산하는 산악인도 있다. 인생길에서 자기를 극복하려고 자기와의 싸움에서 정신력으로 이기려고. 그냥 걷기도 힘든데 뛰면서 등산하는 산악인. 보통 사람은 될 수 있는 대로 힘들이지 않고 쉽게 하려고 하지만 하루 일과로 뛰어 등산하는 등산가. 보통사람들은 등산도 어렵다고 안 하는데 인생을 단련하기 위해서 매일 달려 등산하는 등산가의 마음을 떠올리며 인생살이를 생각해 본다.

그는 말한다. 하루를 마치며 감사의 기도를 올린단다. 첫째는 양식과 건강과 평화를 주시는 하느님께, 둘째는 날마다 곁에서 아끼며 사랑하며 함께 살아가는 아내에게, 셋째는 고락을 함께하는 가족들에게, 넷째는 날마다 대하는 이웃 친지들에게, 다섯째는 공동체를 이루어 살아가는 모든 인류에게, 여섯째는 우리 주변의 모든 동식물에게, 일곱째는 흙과 공기와 물과 태양에게 감사하는 마음으로 기도를 드리며 잠자리에 든다니 본받을 만한 일일 것 같다.

마라톤 인생을 살아가는 등산가처럼 어려움을 이겨내면서 세상을 창조하시고 구원하신 하느님과 이 세상 만물의 고마움을 느끼고 살아가는 것이 범애적인 사랑일 것이다.

아씨시의 프란치스코 성인은 인류뿐만 아니라 생물, 무생물 피조물 전체에서 하느님의 사랑의 숨결을 느끼고 살았다. 그래서 성인은 물고기와 새와 짐승과도 이야기 할 수 있었다. 마을에 내려와 집짐승과 사람을 마구 잡아먹는 늑대에게도 찾아가서 타일러서 하지 않도록 하고 친교를 맺어주기까지 하였으며 물고기와 새에게도 설교를 하니 조용히 머리를 숙이고 들었단다. 식물에게도 통할 수 있다니 자연도 공존하며 아끼고 사랑해야 함이 당연한 일이리라. 자연을 훼손하여 지금 세계 곳곳에서 당하는 끔찍한 자연재해는 무심히 넘길 일이 아니다.

만물의 영장이라는 인간이 자연을 함부로 하다가는 먼저 파멸을 자초할 것이다. 인간은 자기 역량껏 노력하면서 이 세상을 창조하고 다스리시는 하느님의 뜻을 따라서 하느님께 감사하고 공존하는 모든 피조물과 감사하며 살아가야 할 것이다.

"하느님께서 (모든 것을 만드시고) 보시니 손수 만드신 모든 것이 참 좋았다."(창세기 1:25)

17. 칠감사(七感謝) (2)

인간은 사회적 동물이다. 사회적 동물이란 같은 무리끼리 모여 사는 집단을 말하는데 인간은 남과의 상호관계를 의식하며 상호 협력으로 사회적 발전과 개인의 출세를 도모하며 살아간다고 생각한다. 동물들의 생활상을 보면 사회적 동물도 발견한다. 대표적으로 개미나 벌을 생각할 수 있다.

인간은 예로부터 일찍이 맹수나 자연재해로부터 자신을 보호하고자 집단을 이루고 살아온, 가장 존귀한 존재로 창조된 피조물이다. 자유의지와 지각과 감정을 부여받은 최고의 존재로 자인하면서 살아오는 것이다. 인간이 혼자서는 살 수가 없고 연대적이며 유기적인 관계 속에서 살아가므로 긍정적인 면에서 감사해야 할 일곱 가지를 들어보고자 한다.

첫째로, 잘 먹으며 삶에 감사한다. 인간이 먹지 않으면 살 수가 없다. 그래서 풍성한 먹거리 동식물을 잘 취해서 먹고 건강하게 살아가는데 대하여 감사하는 마음으로 살아야 한다. 건강할 때는 아파서 오랜 세월 누워 투병하고 있는 이, 갑작스런 교통사고로 사경을 헤매고 있는 이를 생각한다. 굶주리는 사람, 아픈 사람은 배부른 사람, 성한 사람에게 무어라 이르겠는가? 배가 부를 때, 건강할 때 그렇지 못한 사람을 생각하면 감사하지 않을 수 없다.

둘째로, 아내에게, 남편에게, 부모께, 자식에게 감사해야 한다. 같이 있음에 감사해야 하고, 사랑할 수 있음에 감사해야 하고, 도와줌에 감사해야 한다. 부부가 아니면 혼자 어떻게 살 것인가? 부모 없이 어찌 태어나서 어찌 자랐는가? 자식 없이 무슨 맛으로 살며 무슨 재미로 살며 어찌 사랑을 베풀겠는가? 상처(喪妻), 상부(喪夫), 자식 잃고, 조실부모(早失父母)한 사람을 생각해 볼 일이다.

셋째, 이웃에게 감사한다. 이웃 없이 외딴 섬이라면 누가 붙들어 주겠는가? 물에 빠졌을 때 지푸라기라도 붙잡으려고 하지 않는가? 특별한 음식이 생기면 "지금 무엇하고 있는가? 바닷가에 갔다가 싱싱한 생선을 사왔으니 지금 빨리 와서 한 잔 하세. 혼자는 목에 안 넘어가네." 이렇게 할 일이다.

넷째, 친지에게 감사해야 한다. 외로울 때, 어려움에 처했을 때 누구에게 하소연하며 누구에게 자문을 구하겠는가? "형님, 오늘 화창한 봄날, 따뜻하고 진달래 만발했으니 집에 있지 말고 우리 집으로 어서 오소. 뒷산에 올라 꽃 꺾어 산 놓고 한 잔 합시다 그려." 밝은 마음으로 초대할 일이다.

다섯째, 민족과 국가와 모든 인류에게 감사한다. 국민의 안전과 평화와 행복을 위하여 노력하고 서로서로의 삶을 위하여 집무실에서, 공장에서, 물에서, 논밭에서, 각종 일터에서, 머리를 짜내고, 손발을 움직이며, 땀 흘리는 모든 사람에게 감사하는 마음을 가져야 한다.

여섯째, 공기와 물과 땅과 바다, 산천초목과 동식물들, 그리고 지하지상자원, 모든 자연에 이르기까지 감사하는 마음을 가져야한다. 숨

쉬지 않고 물 마시지 않고 살 수 없다. 내가 사막 물 부족한데서 태어났다면 어떻겠는가? 우리의 터전이 곧 자연이다.

일곱째, 마지막으로 하느님께 감사한다. 이 모든 천지조화가 하느님의 것이 아닌가? 세상만물의 주인은 하느님이시다. 하느님께서는 사랑이시다. 사랑으로 만물을 창조하시고 사랑으로 다스리시므로 하느님의 뜻대로 살아가며 하느님께 감사와 찬미를 드림이 마땅하다. 모든 은혜를 통틀어서 하느님께 감사해야 할 일이다.

지구상의 인류는 약 70억 명이다. 많은 사람들이 먹을 것이 부족하여, 마실 물이 없어서, 질병에 고통으로 살아가고 있는 것이다. 자국만의 이익과 자족(自族)만의 생존을 위해서 각종 분쟁과 살육과 전쟁으로 피를 흘리고 있으며 부정부패와 자연파괴와 남용으로 지구가 몸살을 앓고 있으니 이것은 감사하는 마음의 부족이며 사랑의 결핍이라고 해도 억지소리라고 할 사람 없을 것이다. 환경 전문가들의 '자연 환경 훼손이 이대로 계속된다면 우리 세대가 다 가기 전에 인류가 멸망하고 지구가 멸망한다는 경고를 그냥 흘려버릴 일이 아니라고 생각한다.

너와 나는 일체라는 생각을 가지고 가까운 데서부터 먼 사람에 이르기까지 화해와 관용과 배려와 사랑으로 살며, 지구를 하나의 촌락으로 보고 자연이라는 하나의 울타리 속에서 공존 공생의 길로 우리 모두가 사회아(社會我), 인류아(人類我), 세계아(世界我)로 살아나갈 때 인류에게 평화와 행복이 올 것이요, 지구의 파멸을 예방할 수 있을 것이라고 생각한다.

"하느님께서는 존재하는 모든 것을 사랑하시며 만드신 것을 하나도 혐오하지 않으십니다. 지어낸 것을 싫어하실 리가 없기 때문입니다. 하느님께서 원하지 않으셨다면 무엇이 존속할 수 있었으며 부르지 않으셨다면 무엇이 그대로 유지될 수 있었겠습니까? 생명을 사랑하시는 하느님 모든 것이 당신의 것이기에 당신께서는 모두 소중히 여기십니다."(지혜 11: 24~26)

18. 묵주기도 성월에 붙여

아버지와 고등학생 아들이 이야기한다.

"○○야, 이달이 교회력으로 무슨 달이라고 하는지 아니?"

"예, 묵주기도를 특별히 열심히 하는 묵주기도 성월이요."

"맞다. 잘 아는구나. 지난달 순교자 성월에는 네가 순교자 믿음을 본받아 매일 좋은 일 한 가지씩 하기로 했었지? 길에 다니면서 다른 학생들은 군것질 하고 플라스틱 통이나 비닐봉지를 아무데나 무심히 버리는데, 너는 그것을 주울 뿐만 아니라 버리지 말자고 권하기로 했지?"

"예, 줍기는 했는데 말은 못했어요. 친구들에게 말이 안 나와서요."

"옳은 일이지만 왕따를 당할 수도 있을 테니까. 그러나 그것은 순교자처럼 정의와 진리를 위해서 목숨까지 바친 순교선열을 본받는 것이 안 되는 일이니 안타까운 일이다. 이 달은 조국의 통일과 인류 평화를 위하여 묵주기도를 바치고, 우리 교구장 주교님께서 말씀하신 노인들을 위한 좋은 일 한 가지씩이라도 실천하거라. 너는 무엇을 할 수 있겠니?"

"예, 버스나 열차 안에서 노인들에게 자리를 양보하고 거리를 다닐 때나 줄을 설 때에도 노인들에게 양보하겠습니다."

"그래, 우리 아들 착하구나. 네가 그렇게 실천하면 늙은 후에는 너도 그런 대접을 받을 것이다. 네가 그렇게 하지 않으면 너도 그런 대접을 받지 못할 것이다."

"예, 저도 가끔 친구들처럼 노인들이 서 있는데도 일부러 눈을 감고 본체만체 자는 척 하거나 휴대폰을 보면서 갈 때가 많았는데, 그럴 때는 양심이 찔려 마음이 솔직히 불안했어요. 자리를 양보해야 된다는 생각이 떠올라 눈을 감아도 잠이 안 오고 휴대폰도 잘 안 되었어요. 그래서 요새는 노인들이 타면 무조건 자리를 양보해요. 이제부터는 거리에서도, 줄을 설 때에도 불편한 노인에게는 자리를 내주고 대신 노인이 서야할 맨 뒤로 가서 서기로 하겠어요."

"그래, 내 아들 장하구나. 제1차 세계대전 중 성모님께서 1917년 파티마에서 소년 프란치스코, 히야친타, 루치아에게 발현하시어 〈세계의 평화와 공산주의의 회개와 죄인들의 회개를 위하여 희생과 묵주기도를 바치라〉고 말씀하셨단다."

"예, 저도 열심히 묵주기도를 하겠습니다. 또 저도 평화의 사도로 수도회에 불러주시라고 기도하겠습니다."

"오, 참으로 자랑스런 내 아들이로구나. 그렇게 된다면 얼마나 좋으랴."

아버지와 아들은 부둥켜안고 고마움과 기쁨의 눈물을 한참 흘렸다. 추석 한가위의 보름달이 창틈으로 이 두 부자를 환하게 비추고 있었다.

19. 오리 단상

내 집 앞에는 냇물이 흐르고 1km 내려가면 저수지가 있다. 겨울에는 북쪽에서 내려온 오리가 한겨울 호수와 냇물에서 살다가 날씨가 따뜻해지기 시작하면 북쪽으로 날아가는 생활을 해마다 반복한다.

2, 3년 전부터는 오리 대여섯 마리가 사철 살아가는 텃새로 정착하여 지내는 것을 발견했다. 한여름에도 집 앞 냇물에서 사람의 기척이 나면 후루룩 날아가 행인을 놀라게도 한다. 봄에 북쪽으로 날아갈 때 철새무리에서 낙오되어 북녘으로 가지 못하고 뒤처져서 살고 있는지도 모르나 몇 마리가 여름을 살아감에는 틀림없다.

어느 날 세 마리 오리가 꽥꽥거리며 마을 온 벌판을 빙빙 돌아다니고 있었다. 2, 4, 6, 8 짝을 이루어 다니는데 한 마리 짝이 없는 세 마리였다. 물에서 한 번 날면 멀리 가는데 그날 세 마리는 들판을 빙빙 소리치며 앉지도 않고 오락가락 한참동안을 날아다니는 것이었다. 처음 보는 광경, 평상시처럼 멀리 가지 아니하고 왜 저럴까 생각해 보았다.

두 쌍인데 한 마리가 떨어졌으니 멀리 날아가지 못하고 동료 짝을 찾아서 함께 가고자 다 같이 소리치며 찾아다니는 것임에 다름이 없다고 생각되었다. 저녁에 날이 저물었으나 '저 오리도 친구와 짝과 생사

고락을 함께 하고자 저렇게 목이 터져라 애달프게 소리치며 배회하고 있구나.' 생각하니 비록 동물이라도 안타까운 마음을 금할 수가 없었다.

집을 나간 아내를 어린 자식들 데리고 찾는 남자, 남편이 집을 나가 자식들 키우며 남편이 돌아오기를 애달프게 기다리는 주부, 요즈음 쾌락주의, 물질주의, 개인주의, 편의주의에 편승하여 인륜도덕 팽개치는 몰인정한 사람들, 조금만 참았으면 남의 눈에서 피가 흐르지 않게 하련마는……. 우리는 오리, 비둘기만도 못한 인간이 아닌가 생각해본다. 인간이 만물의 영장이라니?

현재 지구상에서 분단된 국가는 한반도 남북한 우리 뿐이다. 전 민족이 평화와 통일을 원하지만 분단 70년 오늘날까지 일가친척, 가족이 혈육이 같고 말과 글이 같은 데도 불구하고, 왕래는 고사하고 편지 한 장 전할 수 없고 생사조차 확인할 수 없는 실정이다. 철책으로 겹겹이 막고 땅속으로 굴을 파서 침략하고자 하니 비극적인 민족이라 하지 않을 수 없다.

삼천리 조국강토가 6.25 전쟁의 비극으로 민족사상 최대의 살상과 전국을 휩쓸어갔고 그로 인하여 서로 원수가 되어 총부리를 겨누고 있으니 지구상에 그런 나라가 우리밖에 없다. 남북 간에 화해하고 같이 도우며 살 수 있도록 철책을 걷어내고 손을 맞잡고 평화를 노래하며 살아가도록 최선을 다해야 할 일이 우리의 과제라 생각한다.

이웃이나 친척 간에도 살다 보면 다툴 수 있으나 세월이 지나다 보면 화해하고 서로 도우며 살아가는 것이 인생살이다. 기러기도, 두루미도, 까치도 자유로이 휴전선을 넘나들건만 우리 민족은 그러지 못하니 안타까운 일이다. 북한에서 살 수가 없어서 목숨을 걸고 자유대한 남한 땅에 왔건만 체제가 달라 어려움을 겪고 있는 새터민들, 대열에서 떨어져 외로이 떠도는 오리를 보면서 측은한 생각을 떨칠 수가 없다. 총칼을 버리고 새들처럼 자유로이 오가며 살 수 있는 날이 하루 빨리 오도록 최선을 기울이고 하루도 빠짐없이 하느님께 도우심을 빌어야겠다.

"나는 잠자리에서 밤새도록 내가 사랑하는 이를 찾아 다녔네.

그이를 찾으려 하였건만 찾아내지 못하였다네. 나 일어나 성읍을 돌아다니리라. 거리와 광장마다 돌아다니며 내가 사랑하는 이를 찾으리라. 그이를 찾으려 하였건만 찾아내지 못하였네. 성읍을 돌아다니는 야경꾼들이 나를 보았네. '내가 사랑하는 이를 보셨나요?' 그들을 지나치자마자 나는 내가 사랑하는 이를 찾았네. 나 그 이름 붙잡고 놓지 않았네. 내 어머니의 집으로 나를 잉태하신 분의 방으로 인도할 때까지."(아가 3:1~4)

20. 신앙의 옛 친구

김 소월의 시 '님과 벗'을 즐기며 생각한다.

"벗은 설움에서 반갑고
님은 사랑에서 좋아라.
딸기 꽃 피어서 향기로운 때를
고초(苦椒)의 붉은 열매 익어가는 밤을
그대여 부르라, 나는 마시리."

50년대 말 내가 당시 고등학교에 다닐 때의 이야기다. 내가 공주에서 처음으로 성당의 문을 두드리며 신앙을 탐구하던 시절, 공부하며 열심히 신앙생활을 하는 가톨릭 학생들의 그룹이 있었다. 이들 가정도 신앙이 돈독하여 거의가 매일 미사를 봉헌했다. 다니는 학교도 제각각 달랐으나 성당에서 거의 매일 만났으며 교리공부와 성가연습을 하였고, 본당 사제는 프랑스 파리 외방선교회 소속 방아우구스티노신부님, 보좌 오일복, 권신부님으로부터 특별한 사랑 속에서 신앙과 우정을 키워왔다. 그리하여 사제의 꿈을 안고 신학교도 가고 수도의 길로 가는 등 교회생활이 매우 재미있었고 가히 모범적이었다.

일요일이면 주일미사를 끝내고 공놀이도 하고 근교 나들이로 금강, 공산성, 곰나루, 수원지, 계룡산 갑사를 다니면서 우정을 나누며 재미있게 지냈다. 학교를 졸업하고 제 살 곳으로 각기 헤어져 지금은 전국 곳곳에서 살고 있으며 60여년이 지나고 보니 운명을 달리한 사람도 있고 거처를 모르는 사람도 있다. 지금은 퇴직들 하고 자유로이 살아가서 5, 6년 전에 몇몇이서 모임을 시작으로 열댓 명이 일 년에 한 번씩 모이곤 한다.

출신학교는 각각이라 동창은 아니지만 친했던 옛날로 돌아가 친교를 나누니 참으로 즐거운 모임이 되고 있다. 남 몰래 사랑을 속삭이고 짝사랑으로 애태우기도 하며 서로 중매도 해서 짝을 맺어주었던 이야기, 과수원에 갔던 이야기, 트럼프며 화투며 게임하던 이야기, 배구시합 이야기, 들로 산으로 야외 나들이를 즐겼던 이야기, 초상집에 가서 연도하고 맛있는 음식 대접 받던 이야기, 강물에 가서 헤엄치던 이야기, 젊어서 고생했던 이야기, 노년을 잘 살고 있는 이야기, 열심한 신앙에 질투했던 이야기 등등 나누다가 총총 아쉬움 중에 헤어진다.

젊어서는 희망에 살고 늙어서는 과거를 회상하며 산다고 했던가? 늙어서도 짝사랑, 연애, 사랑 퇴짜, 결혼 골인 이야기가 인기가 있다. 지금도 신앙에 질투심이 떠오르고, 행복에 겨워 사는 삶에 질투심이 나도 모르게 슬며시 떠오름을 어찌하랴.

"주님, 저의 친구들에게 주님 안에 평화와 행복을 많이많이 내려주셔서 우정이 영원토록 유지해 주소서."

"옛 친구를 버리지 마라. 새로 사귄 친구는 옛 친구만 못하다. 새 친구란 새 술과 같은 법, 오래 되어야 제 맛이 난다."(집회서 9:10)

21. 이제는 말할 때가 되었구나

아들을 셋 낳고 끝으로 소망하던 딸을 낳은 사람이 있었다. 자식 사랑은 인간 누구에게나 있지만 그는 아들만 셋 낳고 보니 딸을 두고 싶은 마음이 대단하였다. 딸이 미인 아내를 닮아 날이 갈수록 얼굴이 아주 예쁠 뿐만 아니라 하는 재롱이 귀여워 아빠는 더 할 수 없는 사랑으로 딸을 키웠다. 퇴근할 때는 귀여운 딸이 보고 싶어 날마다 딸이 좋아하는 과자, 과일을 사들고 걸음을 재촉하여 집에 온다. 아빠가 퇴근할 때가 되면 꼬마 딸이 대문 밖에 나와 기다리다가 아빠가 눈에 들어오면 "아빠" 소리치며 달려가 아빠 품에 안겨 뽀뽀하고 둘이서 얼싸 안고 싱글벙글 들어오는 부녀를 보는 아내는 매일 행복에 젖어 살아가고 있었다.

지금부터 반세기 전의 이야기다. 화창한 봄날 가족 나들이 갔다가 이 부녀가 교통사고를 당했다. 다리를 다쳐 오랜 기간의 치료 끝에 딸은 절뚝절뚝 걸어야하는 짝 다리가 되었고, 아빠도 나았다고는 하나 목발을 짚고 절뚝절뚝 걸어 다닐 수밖에 없었다. 그렇게 걸어 다니기를 두 해가 지났다.

어느 여름날 냇물로 물놀이를 갔다. 딸아이가 냇물에서 놀다가 물에 휩쓸려 떠내려가는 것이었다. 물가에서 목발을 짚고 서있던 아빠는 순간 목발을 집어 던지고 물속으로 뛰어들어 어린 딸을 안고 헤엄쳐 나오는 것이 아닌가? 그동안 날마다 목발을 짚고 절뚝절뚝 걷던 아빠가 오늘은 목발을 내던지고 정상적으로 헤엄치고 성큼성큼 걷는 것에 모두 놀랐다.

딸은 아빠가 웬일이냐고 엄마께 물었다. 엄마가 대답하기를 "이제는 말할 때가 되었구나. 사실은 네가 병원에서 퇴원할 때 네 아빠도 다리가 다 나아 정상으로 걸을 수 있었단다. 그런데 네가 절뚝절뚝 평생을 걸어 다녀야 하는 모습이 안타깝고, 또 네가 실망에 빠질까봐 아빠는 너와 함께 고통을 나누고자 나은 것을 감추고 일부러 목발 짚고 절뚝거리며 다닌 것이란다." 이 말에 어린 딸과 아빠는 부둥켜안고 자지러지며 엎어져 엉엉 우는 것이었다. 이 모습을 보고 있던 주위 사람들 마저 이 안타까운 부정(父情)에 감격하여 눈시울을 적시지 않는 사람이 없었다.

딸이 물에 빠져 죽게 되는 판에 어찌 더 참을 수 있겠는가? 딸의 행복을 위하여 살아 왔지만 성한 다리를 가지고 불편한 불구자 생활을 부인 외에는 아무도 모르게 2년에 걸쳐 탄로 나지 않도록 살아온 부정(父情)이 얼마나 가슴을 울리는가? 가슴 쓰리는 아름다운 부정임에 틀림이 없다.

외딸이 나이가 차자 시집을 보내지 않을 수 없었다. 눈에 넣어도 아프지 않을 외딸을 평생 데리고 함께 살고 싶었지만 생각하고 생각한 끝에 결혼을 시키기로 결정을 했다. 다리는 불구지만 인물이나 성격은 누구에게도 못지않은 처녀라 좋은 사위를 얻게 되었다. 그러나 예측할 수 없는 앞길을 염려한 아버지가 딸 혼인의 위요(圍繞:후행)를 직접 나섰다.

위요는 혼례를 한 후 신부를 데리고 시집에 가는 일인데 보통 신부의 가장 측근 남자 어른이 대표로 가서 시집에 맡기면서 신랑 신부에게 마지막 교훈을 내리고 잘 살도록 부탁을 하고 돌아서는 것이다. 이때 대개 아버지는 안 가는데 이 아버지는 친정아버지로서 직접 나섰다. 위요를 마치고 돌아서는 발걸음이 떨어지지 않아서 돌아서서 눈물을 흘리고 또 흘려 뚱뚱 부은 얼굴로 집에 돌아오니 아내 또한 두 다리 뻗고 울고 있는 것이었다. 딸을 자주 보지 못할 설움과 걱정스러움과 아쉬움에서…….

딸은 좋은 신랑 만나서 그 후 잘 살고 있고 아들 며느리 모두 효자, 효녀, 효부로 행복하게 잘 살고 있다. 하지만 누구나 그렇듯이 부모의 마음은 세상 마칠 때까지 잘못 살아도 걱정, 잘 살아도 걱정을 어찌 안 할 수 있으랴.

지난날 그때만 하더라도 남존여비(男尊女卑)시절이라 여자가 시집가면 시집살이가 너무 어려웠다. 그래서 벙어리 3년, 귀머거리 3년, 장님 3년에 여필종부(女必從夫)해야 시집에서 쫓겨나지 않고 산다고 했으니 얼마나 여자들이 인간 취급을 받지 못하고 학대받고 살았던가. 우리 조상 어머니들은 가족들을 위해서 낮에는 물론 밤을 낮 삼아 길쌈과 바느질을 하느라 밤에 잠도 제대로 자지 못하면서 살아왔다. 견디지 못하여 뒷동산에 올라가 목매달아 죽는 며느리도 있었으니 말이다.

삼종지의(三從之義)라 해서 봉건시대에 여자의 도리로 어려서는 아버지를, 시집가서는 남편을, 남편이 죽은 후에는 아들을 따라야 했다. 이 어려움을 호소할 곳도 없어 혼자 눈물로 새기고 인내로 일생을 살았으니 이 얼마나 가슴 쓰린 일인가? 지금은 인권세상, 약자우위, 남녀평등 시대, 참으로 좋은 시절이다. 우리는 참으로 좋은 세상에서 행운을 누리고 있는 것이다.

지금은 핵가족시대가 되어 부모자식 간에 따로 사는데, 부모로서 늙어서도 많은 재산을 가지고 어려운 자식에게 "나 몰라라." 하는 것은 잘하는 일은 못 되겠지만 물질보다는 참된 삶과 지혜를 물려주는 것. 달리 말하면 탈무드에 나오는 '물고기를 주는 것보다는 물고기를 잡는 법을 가르쳐 주는 것이 옳다.'고 생각한다.

다른 편으로 딸과 며느리를 비교해 볼 필요가 있다고 생각한다. 내 딸은 귀하지만 남의 딸(며느리)은 귀하지 않다고 할 수 있겠는가? 내 딸은 바꾸어 보면 남의 딸(며느리)인 것이요, 남의 딸(며느리)을 바꾸어 보면 내 딸인 것이다. 그러므로 내 딸 귀하고 사랑 받기를 원한다면 남의 딸 즉 며느리 구박을 절대로 하지 않음은 물론, 귀하게 여기고 사랑하고 아껴야 되지 않겠는가?

효자 효부도 많지만 요즈음 젊은이들은 여기에서 좀 멀리 살아가는 사람이 적지 않은 것도 사실이라 하겠다. 현 세대는 자식이 부모를 걱정시키지 않고 잘 봉양하면서 사는 사람이 대부분이겠지만, 부모가 늙어서도 자식에게 어려운 가운데 돈을 대주어야 하고 보살펴 주어야 하는 사람도 더러 있는 것 같다. 우리 모두 자성(自省)해야 할 일이다.

예로부터 부자자효(父慈子孝)라고 했던가. '아버지가 자비로워야 아들이 효도한다.'는 말이다. 엄부(嚴父)보다는 자부(慈父)라야 될 것 같다. 때에 따라서는 엄격한 훈육과 따끔한 회초리도 필요한 것 같다. 총칼은 목숨은 빼앗을 수 있지만 마음만은 빼앗을 수 없다. 불은 쇠도 녹일 수 있지만 정신만은 녹일 수 없단다. 오직 사랑만이 마음도 정신도 빼앗을 수 있고 녹일 수 있는 것이다. 사랑이 무엇이기에?

'이제는 말할 때가 됐구나.'처럼 자식에 대한 아버지의 부정을 한번 깊이 생각해 볼 필요가 있겠다.

"못 배운 자식은 그를 낳은 아버지에게 수치가 되고 그런 딸은 그에게 손실이 된다. 현명한 딸은 좋은 남편을 얻지만 수치스럽게 된 딸은 낳아준 아버지에게 슬픔이 된다. 건방진 여자는 제 아버지와 남편을 부끄럽게 하고 그들에게 천시를 당한다. 때에 맞지 않는 말은 초상집에 풍악과 같지만 회초리와 훈육은 언제나 지혜로 통한다. 양식 걱정 없이 바르게 사는 자녀들은 제 부모의 비천한 가문을 감추어 준다. 오만하고 몰상식한 자녀들은 고상한 제 가문을 더럽힌다."(집회 22:3~8)

22. 왕중왕과 토사(兎士)

깊은 산중에 짐승의 나라가 있었다. 멧돼지, 승냥이, 노루, 오소리, 토끼, 여우, 늑대, 살쾡이, 호랑이 등 온갖 크고 작은 짐승이 살고 있는 나라다. 위계질서가 엄격하고 상급자에 대해서는 절대 복종하는 나라여서 상급자는 살기가 좋지만 하급자는 노예이며 밥이기 때문에 불만과 불평이 많았다. 호랑이 중에 가장 크고 강한 놈이 그 동물나라의 왕으로서 절대 권력자다. 그 왕은 백성 중에 아무 놈이나 자기가 먹고 싶은 대로 골고루 불러서 잡아먹고 사는데 잡아먹히는 순서가 있었다.

그러던 중 불평이 많은 토끼가 잡아먹힐 차례가 되었다. 토끼는 죽을 생각에 잠도 못 자고 죽지 않을 방법이 없을까를 골똘히 생각한 끝에, 왕을 죽이는 방법 밖에 없다 생각하고 죽일 방도를 생각해냈다. 다음 날 왕 앞에 불려나간 토끼는

"대왕님, 제가 어제 저 산 너머 골짜기에 갔다가 대왕님보다 더 크고 무서운 임금을 보았습니다."

"뭐라고? 나보다 더 큰 왕이 있다고? 어림도 없는 소리다. 어디 그놈 보자. 내가 박살 내놓고 말리라. 어디냐? 가자!"

그리하여 토끼가 앞장서고 성난 호랑이가 뒤따랐다. 토끼가 크고

깊은 우물에 이르러 우물 속을 가리키며 "대왕님, 저 속에 있습니다." 라고 알려주자, 호랑이는 그 우물 속을 들여다보니 참으로 크고 무서운 호랑이가 그 속에서 자기를 노려보고 있지 않은가? 천하제일이라고 생각하는 왕중왕이 화가 나서, 그놈을 잡아 죽이겠다고 큰 이빨에 입을 쩍 벌리고

"어흥"

벽력같은 소리를 지르며 있는 힘을 다하여 우물 속으로 뛰어든 것이다. 우물속의 호랑이는 물에 비친 자기의 모습임을 알지 못하고 연약한 토끼의 꾀에 넘어가 깊은 우물 속에 빠져 나오지 못하고 독재자 왕중왕의 생애를 마쳤고, 연약하나 지혜를 가진 토끼는 죽음을 면하고 태평천하의 나라를 이루었다는 이숍우화에 나오는 이야기다.

지혜는 하느님께서 우리 인간에게 주신 특혜의 선물이다. 인간의 영혼에 지혜가 있고, 하느님을 알아보며 만물의 영장이 되는 것이다. 지혜를 잘 씀으로써 즐겁고 행복하게 살 수 있다. 그러나 지혜를 잘 못 쓰고 못된 짓을 하고 악을 저지르면 불행해지니, 지혜롭게 하느님의 뜻을 따라야 한다는 것이다. 지혜로운 많은 성현들이 학문을 발전시켰고 지식을 알려 주었으며 인류 문화의 발전과 생활 전반에 향상을 가져왔음은 두말의 여지가 없다.

오늘날 우리나라 정치인들, 재벌들의 도덕성은 참으로 고칠 점이 많다. 안하무인격인 권력과 금력으로 국민을 억누르고 양심을 버린 채 제 마음대로 하며, 칼자루를 쥐고 있다 해서 칼을 함부로 휘두르는 사람들, 하느님의 지혜롭고 정의로움을 우습게 여겨도 되겠는가?

"임금들아 들어라. 그리고 깨달아라. 세상 끝까지 통치하는 자들아 배워라. 많은 백성을 다스리고 수많은 민족을 사랑하는 자들아 귀를

기울여라. 너희의 권력은 주님께서 주셨고 통치권은 지극히 높으신 분께서 주셨다. 그분께서 너희가 하는 일들을 점검하시고 너희의 계획들을 검열하신다. 너희가 그분 나라의 신하들이면서도 올바르게 다스리지 않으며 하느님의 뜻을 따르지 않았기 때문이다. 그분께서 지체없이 무서운 모습으로 너희들에게 들이 닥칠 것이다. 정녕 높은 자리에 있는 자들은 엄격한 심판을 받을 것이다. 미천한 이들은 자비로 용서를 받지만 권력자들은 엄하게 재판을 받을 것이다."(지혜서 6:1~6)

23. 물놀이 사연

50년대 농경시대 시골마을 이야기다. 전국 농촌은 대개 비슷한 환경이었으며 비슷한 형태였다. 마을은 자연부락 별로 한반에 10여 호 내지 20여 호 단위로 모여 살며 농사에 이웃끼리 품앗이하고 어린이들도 이웃끼리 모여서 함께 놀았다.

50년대 이전에는 초등학교(당시 국민학교)에 다니지 않는 어린이가 공부하는 어린이보다 훨씬 더 많았다. 당시는 마을이나 학교에도 어린이를 위한 놀이시설이나 운동시설이 전연 없었으며 살기가 어려운 때라 가정에도 어린이 장난감은 있는 집이 없었다. 그래서 대개 돌이나 흙, 나무, 풀, 열매, 꽃 등 자연물을 이용하여 놀 수박에 없었던 시절이다. 겨울에는 눈이나 얼음에서 하는 썰매타기, 얼음지치기, 여름에는 물놀이가 가장 좋아하는 놀이였다.

여름에는 마을 가까이에 있는 냇물에 바위로 인하여 물이 깊이 파인 웅덩이를 수영장으로 이용하였다. 깊은 곳이라야 헤엄을 칠 수 있고 웅덩이 옆에는 모래사장이 있어 모래놀이를 하면서 온종일을 지내기도 하였다. 그 당시의 냇물은 오염이 전연 되지 않아 수정같이 맑아 깊은 물속도 환히 들여다보이는 깨끗한 물로 그대로 식수로 사용할 수 있었으니 그러한 곳에서 노는 것이 참으로 좋았다. 시골 냇물이 깊이가 얕아 이렇게 놀 수 있는 곳은 많지 않아서 남아들이 먼저 차지하고 소녀들에게는 물놀이가 어려웠다.

꼬마들은 남녀 구별 없이 같이 물에서 놀지만 학교에 다닐 정도의 소녀들은 저녁에 엄마와 같이 나와 목욕을 하는 정도에 지나지 않았다. 이따금씩 소녀들이 여럿이 합심하여 남아들이 수영장에 없는 틈을 타 떼지어 차지하고 물놀이를 하였다. 그 때 물놀이는 수영복이라는 말도 없었으며 누구나 벌거벗고 알몸뚱이로 물에서 노는 것이었다. 물놀이장을 소녀들이 차지하여 놀 때는 가끔 짓궂은 사내아이들이 훼방을 부리고 쫓아내는 일도 있었다.

어느 날 남자아이 몇이서 소녀들을 몰아내고 그곳에서 물놀이를 시작하였다. 그런데 소녀들이 가면서 남자아이가 벗어놓은 옷을 한 벌 들고 가는 것이었다. 남자아이가 그것을 보고 물에서 나와 쫓아갔다. 그 소녀는 예쁘장한 얼굴에 잘 사는 가정으로 평소 남자아이들의 눈길을 끄는 소녀였다. 깜찍스럽게 예쁜 여아에 대해서 남자아이들은 넘보기만 할 뿐, 손은 댈 수도 없고, 말을 걸 수도 없어 감히 접근을 못하는 처지였다.

옷을 빼앗긴 이 남자아이가 삼백여 미터를 벌거벗은 채 쫓아갔으나 잡지 못하고 그 여자의 집에 이르렀다. 대문까지 겨우 쫓아가 옷을 달라고 하였다.

"너는 나쁜 놈이야. 우리를 골탕 먹였잖아."

"잘못 했으니 다시는 그러지 않을게. 옷을 다오."

"정말이냐? 다시는 않겠냐? 그러면 네 고추를 보여주라."

할 수 없이 이 사내아이는 창피하지만 손으로 가렸던 고추를 보여주

니 옷을 펄떡 던지고 웃으면서

"에그…그 못생긴 고추 달고서…."

라고 하면서 집안으로 뛰어 들어가는 것이었다. 평소에 그 여아에게 짓궂은 짓을 많이 해온 앙갚음으로 당한 수모였다.

그 후 이 소년, 소녀는 자라면서 진학하고 공부 열심히 하여 좋은 직장을 갖게 되었으며, 이 남아는 어려서부터 이 동갑내기 소녀를 짝사랑했기에 물놀이 사건이 비록 부끄러웠지만 얄미운 이 처녀에게 끈질기게 구애를 하여 서로 사랑에 빠지게 되었고, 드디어 결혼을 하여 지금 늙도록 잘 살고 있다.

요즈음 젊은이들에게 애인이 없고 이성 친구가 없다면 본인들이 부끄럽게 생각하는가 하면, 잘못 나쁜 길로 빠져 인생을 망치는 수도 있는 것 같다. 자식들이 성장하면서 요즈음 부모들은 자식결혼이 걱정거리로 대두되고 있다. 결혼 적령기를 훨씬 넘어서기도 하고 독신으로 살겠다는 젊은이가 늘어나기 때문이다. 이성(異性)을 구하는 것은 자연스런 욕구다. 이성(理性)을 잃지 않은 교제나 건전하고 자연스런 이성 교제는 자식을 둔 부모로서 의당히 지도하고 권장하고 감독해서 앞길을 열어 주는 것이 부모의 일이라고 생각한다.

새들도 산란기가 되고 야생 짐승들도 발정기가 되면 종족의 번식을 위해서 갖은 방법으로 수컷들이 구애를 한다. 새들이 평소에는 노래와 소리를 많이 내지 않지만 산란기에는 온힘을 다하여 목이 터져라 수컷이 암컷에게 구애를 한다. 고라니도 평소에는 소리가 없지만 발정기가 되면 용케도 밤낮 산에서 소리를 지른다. 까치도, 까마귀도, 비둘기도 유난히 애처롭도록 구애하는 것은 주위에서 흔히 보는 일이다.

물고기도 산란기 수컷은 암놈이 알 낳기 좋게 돌이나 모래로 집을 만들어 주고 암컷을 유인하여 알을 낳게 한다. 알을 낳으면 수컷이 그 알을 지키는 종류의 물고기도 있다. 새도 종류에 따라 다르지만 암놈이 알을 품으면 수컷이 곁에 있다가 교대로 알을 품어주는 것도 있다. 의리 있는 수컷이라 해도 괜찮을는지.

요즈음 젊은이들이 살림살이나 육아에 있어서 희생적으로 서로 협조하여 책임지고 나누어 일을 하며 살아가는 모습을 주위에서 보면서 아름다운 일이라 생각하는 것이다. 결혼 연령이 점차 늦어지더니 결혼을 포기하고 독신생활로 늙는 사람이 늘어가고 있으며, 몇 나라에서는 동성(同性)결혼까지 허용하고 있으니 그래도 되는지 안타까운 생각이다.

'결혼은 해도 후회하고 안 해도 후회한다.'는 말도 있지만 깊이 생각해볼 일이다. 결혼하지 않고 혼자 늙어가는 자식을 보는 부모의 심정은 어떻겠는가? 결혼은 모든 생물에게 종족번식과 이성 간의 사랑의 원리가 창조주의 뜻인데, 이 철칙을 어겨도 되는가 생각해볼 일이다. 지성이 있는 인간으로서 후회하지 않도록 행복으로 메꾸어 가고 삶의 의미를 추구해야 할 일이다. 어디든지 함께 다니는 다정스런 부부, 서로 부축하고 의지하고 다니는 부부, 감사하며 아끼고 너그럽게 감싸주는 부부, '너 없이는 못살아.' 하는 부부, 그 열매는?

무엇이나 걱정이 해결해주지 않는다. 불평불만이 해결해 주지 않는다. 근심 걱정, 불평불만이 해결해 준다면 한없이 해야 되겠지만 '행복은 주어지는 것이 아니라 만들어 가는 것이다.'는 말을 생각해 볼 일이다. 행복은 물질이나 권세나 부귀영화에 있는 것이 아니라 만족하는 마음에 있지 않은가. 지족가락(知足可樂)이라고 가진 것으로 만족하는 넉넉한 마음, 조급히가 아니고 희망 속에 느긋이 기다리는 마음이다.

나보다도 못한 처지에 놓여 있는 사람이 이 지구상에 얼마나 많은가? 그에 비교해 보라. 히말라야 산맥의 산기슭에 있는 인구 70만, 국민소득 2,000달러에도 미치지 못하는 작은 나라 부탄, 그 국민의 행복지수가 세계 제일이라니 인간의 행복이 어디에 있는지 다시 한 번 생각해 보게 한다.

예수님께서는 산상설교에서 배부른 자, 권력자, 강한 자, 스스로 잘난 이 보고 행복하다고 아니하고, 마음이 가난한 이, 슬퍼하는 이, 온유한 이, 의를 추구하는 이, 목말라하는 이, 자비로운 이, 청빈한 이, 평화를 이루는 이, 의로움 때문에 박해받는 이가 행복하다고 세속과는 역설적인 행복론을 선포하셨다.

그리고 나서 우리에게 '세상에 소금과 빛이 되어라.'고 하셨다. 평화와 행복 그것은 모든 인류가 갈망하는 것이다. 예수님께서는 우리에게 평화를 주고 가셨다. 최선을 다하면서 결과는 주님께 맡겨야 하지 않겠는가?

"여러분은 모두 겸손의 옷을 입고 서로 대하십시오. 하느님께서는 교만한 자들을 대적하시고 겸손한 이들에게는 은총을 베푸십니다. 그러므로 하느님의 강한 손 아래에서 자신을 낮추십시오. 때가 되면 그분께서 여러분을 높이실 것입니다. 여러분의 모든 걱정을 그분께 맡기십시오. 그분께서 여러분을 돌보고 계십니다."(1베드 5:5~7)

24. 순교자 성월을 보내면서

우리는 세상을 살아가면서 수없이 많은 일을 하고, 수없이 많은 기쁨과 슬픔을 겪는다. 올해(2013)는 교황님께서 신앙의 해로 선포하시어 신앙을 새롭게 다지며 살아가자는 뜻을 말씀하신 뜻 있는 해이며, 우리 한국에서는 9월이 순교성인을 기리는 순교성월이다.

나는 순교 성월을 지내면서 한국에 태어난 것이 큰 행운임을 느낀다. 파란 하늘과 짙푸른 산천초목, 누렇게 익어가는 황금의 들판을 보면서, 또한 발갛게 익어가는 과일들 사이로 벌, 나비, 잠자리 같은 곤충들이 나풀나풀 춤추며 날아다니는 모습을 보며, 한국에 태어난 행운에 젖어본다. 자연환경이 좋지 않은 저 아프리카나 사막의 나라에서 태어났다면……., 저 추운지방 북극에 태어났다면……., 사철 더운 적도 지방에 태어났다면……., 얼마나 큰 어려움과 싸우며 살아가야 했을까 생각해 보는 것이다.

우리나라는 사철이 뚜렷하고 기후가 좋은 나라다. 비록 좁은 땅이지만 땅이 기름지고 아기자기한 산천이라 살아가기 좋은 곳이며, 우리 조상 대대로 인의예지 도덕 위에 역사를 이루며 행복하게 살아온 조상들의 덕분에 행복하게 살 수 있는 것이다.

한국 천주교의 도입 초기 백여 년간 확실한 수를 단정할 수는 없으나 일만 명이 훨씬 넘는 순교자들의 피 값이 오늘날 우리에게 전수되고 있음을 생각할 때, 박해가 없었으면 이렇게 많은 복자 성인이 어떻게 생길 수 있으며, 어떻게 우리가 신앙을 구가할 수 있겠는가 생각한다. 그때의 어려움은 가슴 아픈 일이나 그것도 인생 우리 순례자들에게 행운으로 받아들일 수 있지 않을까 하고 역설적인 생각을 해보는 것이다.

지금 한국 천주교회에서는 시복 시성 운동을 활발히 벌이고 있다. 대상자는 윤지충 바오로와 동료 123위 및 증거자 최양업 신부, 교황청 시복 심사 중에 있는 조선왕조 치하 순교자 133위, 근 현대 신앙의 증인 81위가 시복추진 중에 있다. 이들이 모두 성인품에 오르면 한국교회는 103위 합하여 442위의 성인을 갖게 된다. 이 얼마나 춤추며 용약할 일인가? 우리가 순교의 피는 흘리지 못할지라도 우리 민족 모두가 단식하며 기도하고 희생 봉사 선교함이 그 때를 기대하는 후손들의 마땅한 도리가 아닐까 생각한다.

지금 뜻있는 교우들은 남몰래 스스로 이미 실천하고 있지만 많은 교우들의 동참을 제언하고 싶다. 103위 시성식 때 교황 요한 23세께서 비행기 트랩에서 내려오자마자 한국 땅에 엎드려 친구하신 모습을 잊을 수가 없다. 이번에도 프란치스코 교황님께서 한국에 직접 오시어 시복 시성식을 거행하는 영광을 바란다면 지나친 욕심일까? 두렵지만 우리의 마음과 준비를 다해도 괜찮으리라 생각해 보는 것이다. 희망한다면 하느님께 청해봄도 어떨는지 모르겠다.

우리 한국이 일제 해방 후 자유 민주국가를 설립하고 6.25의 피비린내 나는 전쟁을 치루고 남북 분단의 아픔 속에서 살아가고 있지만, 머지않아 평화와 화해 속에서 민족의 통일과 번영을 누릴 수 있으리라 믿는다. 우리 한국은 경제, 사회, 과학, 예술, 문화 등 각 분야에서 기적을 일으키고 있지 않은가. 우리 민족의 우수한 두뇌와 끈질긴 노력과 인내가 세계에 우뚝 솟을 미래를 예표하는 실마리다.

세계 각국에서 새마을 운동의 기적, 한강의 기적을 이룩한 한국의 발전에 경이의 눈으로 보면서 부러워하고 한국학을 연구하고 배우는 일이 일어나고 있는 것이다. 우리 민족의 뛰어난 두뇌가 이제 유감없이 발휘를 시작하고 있음에 자부심을 가지고 당당히 세계무대에서 선도적인 역할을 해야겠다.

다소 미흡한 점이 있는 분야가 있으나 이는 각자의 노력과 민족력이 충분히 해결할 수 있으리라 믿는다. 앉아서 가져다주는 떡을 받아먹기보다는 떡을 먹기 위하여 벌떡 일어나 찾아서 끊임없이 이리저리 뛰어보자. 북녘 땅의 무신앙과 무자유와 질병과 배고픔의 고통에서 허덕이는 우리 동포들을 인륜적인 면에서 생각해보자. 하느님의 한 형제가 아닌가?

한반도 남북한이 휴전선 철책을 허물고 뜻을 모아 화합 통일하여 민족번영의 길로 나아가야 할 일이 우리의 최상의 소원이며 최선의 과제다. 총과 대포와 탱크를 녹여 농기구와 기계 기구를 만들고 우수한 제품을 생산하여 세계인류 발전과 인류평화에 기여하여야 될 일이다.

이제는 다시 제2의 새마을 운동을 찾아 협력과 봉사와 땀을 아끼지 않는다면 또다시 인류사회 혁명의 기수로 부상할 것이다. 이제는 대아(大我)를 위해서는 소아도 이기심도 버릴 줄 알아야 한다. 베풀 줄도 알아야겠으며 인류 도덕성의 회복과 부정부패를 쓸어버리고 정의와 평화의 깃발을 높이 세우자. 진인사 대천명(盡人事 待天命)하자.

"청하여라, 너희에게 주실 것이다. 찾아라, 너희가 얻을 것이다. 문을 두드려라, 너희에게 주실 것이다. 누구든지 청하는 이는 받고, 찾는 이는 얻고, 문을 두드리는 이에게는 열릴 것이다. 너희 가운데 아들이 빵을 청하는데 돌을 줄 사람이 어디 있겠느냐? 생선을 청하는데 뱀을 줄 사람이 어디 있겠느냐? 너희가 악해도 자녀들에게는 좋은 것을 줄 줄 알거든 하늘에 계신 너희 아버지께서야 당신께 청하는 이들에게 좋은 것을 얼마나 더 많이 주시겠느냐? 그러므로 남이 너희에게 해 주기를 바라는 그대로 너희도 남에게 해 주어라. 이것이 율법과 예언서의 정신이다."(마태 7:7~12)

25. 월급의 30%

세상 살아가는데 돈 없이는 살아가기 힘들다. 돈이 있으면 살아가기가 편하고 좋다. 돈을 제일로 위에 놓고 사는 배금주의자, 돈의 노예로 살아가는 사람도 있다. 사람을 위해 돈이 있지, 돈을 위해 사람이 있는 것이 아닌데 말이다. 돈이 없이는 불편하지만 적당히 있으면 좋다고 생각한다. 적당하다는 것도 사람에 따라서 그 기준이 다르고, 쓰는 것도 한이 없지만, 보통으로 살아 갈 수 있으면 된다고 생각한다.

아프리카의 열악한 환경에서 마실 물도 없어서 못 마시고, 끼니도 못 먹으며 못 입고 질병 속에서 몸부림치며 살아가는 수많은 사람들의 실태를 텔레비전 화면에서 자주 보면서, 참으로 안타까운 마음을 쓰다듬는다. 잘사는 나라와 비교해 보면서 말이다. 지구상 식량자원은 전 인류가 충분히 먹을 수 있는 양이지만, 나라에 따라 남아서 낭비하고 버리는 나라가 있는 반면에, 부족하여 굶어 죽는 나라가 있으니 어이하랴. 있는 나라가 없는 나라를 도와주며 공생공존의 길을 걸어간다면 굶는 나라가 없어질 것이다.

지구상에서 가장 못 먹고 헐벗고 병고에 시달려 죽어가는 지역이 아프리카의 나라들이다. 강우량이 적어 식물이 살지 못하니 식물을 먹고사는 동물, 그리고 사람도 살기 힘들다. 아프리카의 그 넓은 사막에 관개시설을 하고 개척한다면 얼마나 좋을까? 엄청난 비용과 기계와 인력과 시간이 필요하여 지구 전체가 힘을 모으지 않고서는 불가능한 일이지만, 잘사는 나라가 자국만의 이기적인 차원을 넘어 인도적인 차원에서 관심을 돌려야 된다고 생각한다. 아프리카 외에 도와주어야 될 다른 나라에게도 말이다.

평화신문 제 1244호(2013. 12. 15 자선주일) 1면 "20년간 월급 30% 떼어 나눔 실천"의 제하에 게재된 내용은 우리를 감동시킨다. 이를 보지 못한 분들에게 소개하고 싶다. 주인공은 경남 창원시 의창구 명곡동 명서 제1 민원 센터장 윤영근(로베르또 56, 마산교구 대방동 성당)이다. 중증 장애인 생활비, 대학생 장학금, 성폭력 피해여성들 자립 기금 등으로 쾌척해 왔단다. "뭐든 있다가 없으면 불편하지만 처음부터 없으면 불편한 줄 몰라요. 제가 나눔을 실천하는 것은 돈이 있어서가 아니라 검소한 생활을 지켜나가고 있기에 가능해요."라고 말했다.

자가운전을 하지 않고 1시간 거리를 대중교통도 이용하지 않고, 도보로 다니며, 옷, 신발도 싼 것을 사서 쓰고, 어려서는 조실부모로 신문배달, 우유배달, 중국음식 배달 등 힘들게 자랐단다. 자녀교육에도 사교육비 안 쓰며 지극히 검소하고 불편한 생활을 하는 가운데 아끼고 아낀 돈을 쾌척하고 있는 이야기다. 고생을 한 사람이라야 남을 도울 줄 안다는 말이 맞다고 생각된다. 적은 월급이지만 그것을 아끼고 아껴 "이웃을 내 몸같이 사랑하라."는 사랑의 정신을 실천하는 아름다운 모범사례다.

작은 형제회 김찬선 수사신부님께서 벌이고 있는 해외선교, 한우리 사업, 불우이웃돕기를 위하여 대전에서 지난 일년 전 배포한 돼지 저금통을 지난 12월 14일 대전 목동 수도원에서 회수하였는데 수백 명이 이에 호응하였다. 큰돈은 아니나 한푼 두푼 절약하여 정성을 모았음에 함께 기쁜 것이다. 티끌모아 태산이라 했던가. 적은 돈이라도 여럿이 합칠수록 큰돈이 될 수 있으니 그러한 일에 동참을 망설이지 말아야 할 일이다. 때마침 주어진 기회에 대전 한우리에서 역점사업으로 벌이고 있는 새터민 장학금 모금에도 좀 더 열성을 기울이기를 바라는 것이다. 불행하고 어렵게 살아가는 얼마나 많은 우리 형제들이 우리의 도움을 기다리고 있는가?

"너희는 내가 굶주렸을 때에 먹을 것을 주었고, 내가 목말랐을 때……. 내가 진실로 너희에게 말한다. 너희가 내 형제들인 이 가장 작은 이들 가운데 한 사람에게 해준 것이 바로 나에게 해준 것이다."(마태 25:35~40)

26. 아기 예수님의 선물로서

참으로 기쁘고 가슴이 벅찬 날, 어제 2014(교회력 새해) 성탄절 전야 미사 아기 예수 강생하심을 천사들의 황홀한 환호 중에 드렸다.

오늘은 성탄 낮 미사를 드리고 성당 공동체 점심을 신자들과 함께 모두 맛있게 먹고 헤어졌다. 다른 날에는 항상 이 모임 저 모임, 이 볼일 저 볼일로 미사 끝나면 바쁘게 종종걸음을 쳤는데, 오늘 특별한 대축일이라 모처럼 한가했다.

오늘은 가족행사 외에는 대부분 한가한 것 같다. 집으로 오면서 오늘같이 좋은 날, 나를 찾아온 아기 예수님처럼 나도 누구에겐가 무언가로 기쁨을 전해야 된다고 생각했다. 그렇지만, 누구를 방문하면 그에게 무언가 부담을 주게 되니 집에서 마음에 있는 사람에게 전화를 해야겠구나 생각하고 집에 도착해서는, 요즈음 만나지 못했던 사람들에게 전화를 했다. "성탄을 축하합니다. 새해 하느님의 은총으로 행복하시고 평화를 누리시기를 빕니다." 했더니 전화 받는 사람의 목소리가 기쁨과 반가움에 어쩔 줄 모르는 모습이 역역했다.

소홀히 생각할 수 있는 전화 한 통화라고 생각할지 모르지만 관심과 사랑이 담긴 전화는 고귀하고 값진 선물로서 "사랑이 무엇이냐? 다름이 아니라 통화 하나가 사랑이요, 기쁨이요, 선물이구나." 라고 느껴, 마음이 흐뭇하고 성탄날을 기쁘고 값지게 보낸 것이었다고 생각했다.

평소에도 나는 가끔 옛 친구, 환중에 있는 친지, 어려움에 있는 지인, 은인, 친척들에게 전화를 하곤 한다. 별로 할 말은 없지만 안부와 근황을 묻는 등 관심과 사랑을 담은 전화는 신의와 우정을 쌓는 좋은 방법 중의 하나라고 생각돼서, 나 자신이 평화와 행복을 느낄 수 있는 것이다. 특히 명절이나 연말연시, 생일, 영명축일, 결혼기념일, 경사, 애사 등에는 관심을 저버리지 말아야 한다고 생각하고 나 자신부터 실천하곤 한다.

주일날은 주님을 위하여 거룩하게 보내야 하고, 이웃을 위하여 봉사 희생을 하고, 육신 생활보다는 영혼을 살찌워야하는 날임에도 불구하고 세속 일에 매달려 보냈던 과거를 뉘우치면서 주일날과 대축일 날에는 주님을 위해서 힘쓰기로 마음 고쳐본다. 또한 작은 일이나마 부담스럽지 않으면서 사랑과 관심을 전하는 전화, 자주 만나지 못하는 지인에게 한 달에 한번 정도의 전화는 빼놓지 말아야겠다고 생각하면서 밝은 사회, 평화로운 사회, 명랑한 사회를 꿈꾸고 싶은 것이다.

27. 우리는 바리사이인가

우리 대전교구에서는 작년부터 교구장 유흥식 나자로 주교님의 방침에 의해, 이웃돕기 운동으로 한 끼 100원씩 아껴 매일매일 저금통에 모았다가 매월 한 번씩 봉헌해 오고 있다. 하루 세 끼를 모으면 하루에 300원, 한 달 모으면 일 만원도 채 안 된다. 그렇게 아주 미미한 돈이지만 우리 교구 신자가 약 30만이니 모두 이 운동에 참여하면 한 달에 30억에 가까운 돈이니 얼마나 큰돈이며 좋은 일을 많이 할 수 있겠는가?

주교님께서는 우리가 조금씩만 마음을 모으면 큰일을 할 수 있는 일이라 생각하시고 신자들에게 권고하셨는데 매주 교구보에 실리는 사랑의 체감온도는 지난해는 100도에 오르지 못하고 불과 20~30도에 미치지 못하였고, 금년 들어서는 조금 늘었으나 너무 미약하니 아쉽기 그지없다.

60년대 이전에 우리나라는 가난해서 구걸하면서 거리를 떠도는 거지가 많았었다. 깡통을 들고 이집 저집 문전걸식하는 사람에게 대부분 가난에 허덕이면서도 밥 한두 숟가락씩 밥과 반찬을 덜어서 주었으니 이것이 바로 한 끼 100원 나눔이 아닐까 생각해본다. 그래도 그때는 인정이 살아 있던 시대 같다. 지금은 그때에 비하면 얼마나 잘 먹고 잘 살고 있는가, 되새겨볼 일이다. 우리 마음이 문제가 아닐까?

우리는 날마다 〈대전교구 공동체 기도문〉으로 “넘치는 사랑으로 저희를 지으시고 당신 아들을 보내시어 세상을 구원하시며……. 아울러 청하오니 한 끼 100원 나눔 운동과 생명 지키는 일에도 충실하며 생활 속에서 신앙을 실천하여 기쁨과 행복이 넘치게 하소서.” 기도하고 있는데 말로만 하고 실천은 하지 않고 있는 것이 아닌가? 우리가 바로 말로만 떠들고 실천하지 않는 바리사이가 아닌가? 반성해 보아야 할 일이다. 한 끼 100원, 천국 저금통장을 마련하자고 촉구하고 싶다.

지난해에는 신앙에 목말라하고 목숨까지 바친 선조들의 시복식도 했고, 천주교 아시아 청년대회를 우리 교구에서 성공리에 마쳤고, 역사적인 교황님의 방한으로 우리에게 엄청난 희망과 용기를 안겨 주었다. 우리 모두 기도만하고 앉아 있을 때가 아님을 뜨겁게 인식하고 우리 발전의 자랑스런 모습을 세계에 알려줄 기회로 꽉 잡고 모든 면에서 힘차게 일어서야 할 때임을 우리 모두 가슴깊이 뜨겁게 타오름을 안고 있지 않은가? 가슴속 깊이 타오르는 이 성령의 불을 꺼지지 않게 활활 태워야 하지 않겠는가?

“너희는 내가 굶주렸을 때에 먹을 것을 주었고 내가 목말랐을 때에 마실 것을 주었으며 내가 나그네였을 때에 따뜻이 맞아 주었다……. 내가 진실로 너희에게 말한다. 너희가 내 형제들인 이 가장 작은이들 가운데 한사람에게 해준 것이 바로 나에게 해준 것이다.”(마태 25:35~40)

28. 복슬복슬 돼지 저금통

미국 캔자스 주의 작은 마을에 채프먼 부부가 살고 있었다. 하루는 그의 아들 윌버가 자신에게 용돈을 준 탄넬 아저씨에게 다음과 같은 편지를 보냈다. 〈저희 마을에는 한센병 환자들이 많아요. 저는 아저씨가 준 3달러로 새끼돼지를 사서 키우려고 합니다. 이 돼지를 팔아 한센병 환자 가족들을 도우려 합니다.〉

소년은 열심히 새끼돼지를 키우기 시작했고 그 사실을 아는 마을의 꼬마들도 함께 돼지를 키웠다. 새끼 돼지 이름을 "페트"라고 불렀다. 페트는 토실토실 살이 오르고 잘 자랐다. 그리하여 윌버는 이듬해 페트를 팔아 한센병 환자를 도왔다. 이 사실이 한 신문에 소개되면서 많은 사람들이 돼지 저금통을 만들어 이웃을 돕기 시작했다. 한 소년의 작은 사랑이 최초의 돼지저금통을 탄생시켰고 그것이 오늘날 우리가 흔히 보는 돼지저금통이 된 것이다.(초록우산 2014년 1+2호에서)

복슬복슬한 돼지저금통… 동전 한 푼 두 푼이 뱃속으로 쨍그랑 하고 떨어질 때마다 입을 쫘악 벌리고 웃는 돼지 저금통이 귀엽지 않은가? 사랑하는 꼬마자식을 키우는 엄마 아빠의 마음으로 돌아가 이 돼지 저금통을 키워서 이 시대의 불우한 이웃을 도와주어야 할 일이다. 비록 하찮은 돈이지만 진합태산, 한구석이라도 채우는 작은 정성이지만…….

내가 어렸을 때, 지금부터 6,70년 전의 일이다. 우리 집은 산골짝 농촌이었다. 대부분 집들이 자기가 농사지은 것만 가지고는 식량이 넉넉지 못하여 흉년이 들거나 보릿고개에는 산야초의 채소 죽으로 끼니를 대신할 때도 있었다. 당시 농가에서는 돼지도 큰마음 먹어야 한 마리 사서 키웠다. 새끼돼지를 키워서 새끼 낳으면 시장에 내다 팔고 돈을 이리저리 모아서 송아지를 샀다. 소도 20여 호 한 뜸에서 좀 낫게 사는 한두 집밖에 없었다. 그래서 돼지가 아니면 소를 장만하기가 어려웠고 소가 아니면 전답도 사기가 어려웠으니 소는 농촌에서 큰 재산이었다.

당시 농사짓는 데는 소가 큰 역할을 하였다. 힘을 가지고 하는 일은 소 없이는 할 수가 없었으니, 논밭갈이는 물론, 무거운 짐 나르기에도 반드시 소가 필요하였다. 당시 소 한 마리면 전답 이삼백 평 값이었으며 소가 없는 집에서는 논밭갈이를 할 때 하루 이틀 소 주인에게 가서 품삯으로 일을 해주고 빌려다 했으니 소는 큰 재산이었다. 닭을 여러 마리 키워 팔아서 돼지를 사고, 돼지를 키워 팔아서 송아지를 사고, 송아지를 키워 소를 만들어 땅을 산 옛적 이야기이다.

지금은 저금통이 커졌으니 돼지 저금통을 키워서 소 저금통으로 바꾸는 사람도 많은 세상이다. 꾸준히 키우면 돼지를 송아지로, 송아지를 농우로 키우기는 그리 어렵지 않다고 생각한다. 작은 씨앗이 큰 나무가 되듯 말이다.

요즈음 텔레비전에서 아프리카의 열악한 환경에서 굶어 죽고 병들어 죽고 시달리는 사람들을 모습을 보면서 안타까워하는 사람들이 많다. 그리고 가까이는 우리 북녘의 동포들도 굶주림에 허덕이고 있으니 하루 빨리 화합으로 평화통일을 이룩하여 같이 잘 먹고 잘살아야 할 것이다. 통일의 길이 아직 멀지만 이를 위한 만반의 준비와 노력은 게을리하지 말아야 할 일이라고 생각한다.

우리 한우리(탈북자 후원회)에서 좋은 일을 시작했으니, 우리 회원들은 각기 형편에 따라, 할 수 있으면 조금만 더 마음을 모았으면 하는 바람을 제기한다.

29. 무소유(無所有)

아씨시의 성 프란치스코는 무소유의 예수님 말씀과 생활에 일치하여 살았다. 26세 때 귀도 주교 앞에서 재물과 세속 욕심에 찬 부친 포목상 피에트로 베르나르도네와 결별하고 가난과 작음과 사랑의 생활로 들어갔다. 자기가 입고 있던 옷마저 부친에게 돌려주고 알몸으로 무소유의 생활을 걷기 시작하였다. 예수 그리스도의 강생과 십자가의 사랑에 온전히 일치한 생활로 당시 사회와 교회의 혁신에 파문을 일으키고 일생을 가난으로 마쳤다.

인간이 삶에서 욕심 때문에 망친다. 무엇이든지 소유하려고 하고 차지하려고 하고 누리려고 하는 욕심에서 도둑질, 살인, 강도, 기만, 탐욕, 악의, 시기, 방탕, 교만, 중상, 모략이 생기는 것이다.

법정스님은 평생 무소유를 설법하였고 김수환 추기경도 평소 법정스님과 같이 무소유를 실천하며 깊은 우정을 나누었다. 그 두 분은 이 세상을 떠나가셨지만 오늘을 사는 우리의 정신적 지주로 우리 머릿속에 영원히 살아 계시는 것이다. 그렇게 산 추기경님은 "나는 바보야." 라고 하지 않았던가?

법정스님은 저서 무소유에서 다음과 같이 말하였다.

"이 세상에서 영원히 존재하는 것은 없다. 실체도 없는 나에 집착하면 당장 근심과 고통이 생기는 법이다. 내가 있다면 내가 있을 것이다. 그러나 나와 내 것은 어디에서도 찾을 수가 없다. 그러므로 너희들은 너희 것이 아닌 나를 버려라. 그것을 버리면 평안을 느낄 것이다. 너희 것이 아닌 것이 무엇인가? 물질은 너희 것이 아니다. 그 물질을 버려라. 감각은 너희 것이 아니다. 그 감각을 버려라. 생각은 너희 것이 아니다. 그 생각을 버려라. 의지 작용은 너희 것이 아니다. 그 의지 작용을 버려라. 의식은 너희 것이 아니다. 그 의식을 버려라."

"너와 나는 둘이 아니다. 너도 아니고 나도 아니다. 우리는 하나다. 태어나되 태어남이 없고, 죽되 죽음이 없으며, 있지 아니하되 있고, 없지 아니하되 없는 유일무이한 하나이다."

"실제로 죽음이 닥치면 어떨지 모르지만 지금 생각으로는 무섭지 않은 것 같다. 죽음을 인생의 끝으로 생각하면 안 된다. 새로운 삶의 시작으로 생각할 수 있어야 한다. 이러한 생각들이 확고해지면 모든 것을 받아들일 수가 있다. 죽음을 받아들이면 삶의 폭이 훨씬 커진다. 사물을 보는 눈도 훨씬 커진다. 죽음 앞에서 두려워한다면 지금까지의 삶이 소홀했던 것이다. 죽음은 누구나 겸허하게 받아들여야 하는 자연스러운 현상이다. 죽음은 새로운 삶의 시작이다. 무소유야 말로 자유로워지는 경지이며 행복의 열쇠다. 너와 내가 하나일 때 무소유다. 무소유로 살아갈 때 평화가 온다."

소유는 할수록 더 하고 싶어지는 것이다. 소유할수록 불행한 것이요, 가지지 않으면 빈손일수록 행복을 느낌에 틀림이 없다.

바람처럼 왔다가 구름처럼 흘러가는, 이슬처럼 왔다가 날아가는 삶이 사순절을 맞이하여 묵상하고 싶은 것이요 내 것은 내 것이 아님을 깨닫고 너와 내가 더불어 살고 싶다.

"여러분은 내일 일을 알지 못합니다. 여러분의 생명이 무엇입니까? 여러분은 잠깐 나타났다가 사라져 버리는 연기일 따름입니다."(야고보 4:14)

30. 무인불승(無忍不勝)

세상살이에서 어려움, 고통이 없을 수 없다. 하루하루 살아가면서 내 마음에 들지 않는 많은 경우에 처하게 된다. 가장 가까운 가정 안에서도 가족 간의 갈등, 생각이 달라 생기는 의견 충돌, 이웃사람과의 다툼, 같은 동료 간의 다툼 등 미워하는 마음속에서 살아간다. 이때 우리는 흔히 "참아야한다."고 한다.

무인불승(無忍不勝 "참지 못하면 이길 수 없다")이라는 말이 있다. 참는 것이 곧 이기는 것이란다. 참을 인자(忍)는 칼날(刃)자와 마음심(心)자를 합한 자로 가슴에 칼이 꽂힌 상태를 그냥 견디어 낸다는 뜻이다. 세상에 이렇게 고통스러운 글자가 어디 있을까? 가슴에 칼이 꽂힌 상태에서 살아간다면 얼마나 고통스러울까? 참는 것이 이렇게 어려운 것이지만 그만한 가치가 있다고 생각한다.

참된 삶을 살기 위해서는 그런 고통을 참지 않으면 안 된다. 참을 인자가 내 자신의 주인이 되도록 마음속에 늘 새겨야 하는 것이다. 사람이라면 누구나 가슴속에 칼이 들어있다. 증오의 칼, 분노의 칼, 배반의 칼, 이기의 칼, 질투의 칼 ,미움의 칼 등 나쁜 칼이다. 이러한 나쁜 칼을 용서의 칼, 사랑의 칼, 나눔의 칼, 인내의 칼, 생명의 칼, 희생의 칼, 낮

춤의 칼로 변화시켜야 한다.

인내의 칼을 사랑과 평화의 칼로 만들려면 용서가 선행되어야 한다. 학생인 자식이 있었다. 자식의 친구가 내 자식을 죽였다. 부모로서 사랑하는 자식을 억울하게 죽인 그 학생을 당장 때려죽이고 싶은 적개심이 끓어 올랐다. 생각하고 생각하다보니 그 적개심이 가라앉았다. 또 하나의 목숨을 없애서는 안 되겠다는 생각이 되었다.

내 자식을 죽인 학생은 일찍이 부모로부터 버림받아 고아로 살아온 학생이었다. 용서해주자는 마음이 일기 시작하여 드디어 재판장에게 가서 범법학생을 용서하오니 최대한 선처 바란다고 간원하기에 이르렀다. 그 결과 가벼운 처형의 판결을 받았고 소년원에서 수형을 하게 되었다. 피해자 부모는 소년원에 자주 찾아가 면회를 하고 사랑으로 감싸주었더니 이 학생은 크게 잘못을 뉘우칠 뿐만 아니라 모처럼 부모 같은 사랑을 느끼게 된다.

모범으로 수형을 마치고 나오게 되자 갈 곳 없는 이 학생은 자기가 죽인 친구의 부모에게 자식으로 받아달라고 간청했고 이에 부자 관계를 맺고 죽인 친구를 대신해서 지극한 효성을 다하며 살았다는 용서의 아름다운 이야기다.

용서라는 서(恕)자는 마음(心)을 같이(如)한다는 뜻이다. 남을 자신처럼 대하고 받아들여야 한다는 것이다. 남을 자신처럼 받아들이고 남의 잘못을 나의 잘못처럼 받아들여야 한다. 나도 누구에겐가는 나도 모르는 사이에 잘못을 할 수 있는 것임을 알아야 할 일이다. 그래서 남을 용서 하지 않으면 자기 자신이 괴로운 것이다. 용서할 때 평화가 오고 행복이 온다. 용서 없는 인생은 불행뿐이요, 슬픔뿐이요, 괴로움뿐이다. 용서하고 보면 마음이 얼마나 가벼워지는가.

남을 용서하지 않으면 내가 죽는다. 내 자신이 잘 살기 위해서 용서하지 않으면 안 된다. 예수님께서는 얼마나 사랑이 크면 자기를 십자가에 매달아 죽이는 자까지 용서하셨을까? 사순절을 사는 우리의 마음은 어떤가? 내 마음에 조금 들지 않는 하찮은 것도 못마땅하게 생각하거나 용서하지 못하고 살고 있지는 않은지?

31. 사순절을 살면서

유혈이 낭자하고 기진맥진하신 주님이 비틀거리다 그 육중한 십자가에 깔려 넘어지시고 다시 일어나 십자가를 지시고 앞장서 가시면서 "누구든지 나를 따르고자하면 자기의 십자가를 지고 내 뒤를 따라야 한다."(마르 34)고 하셨습니다.

우리 각자가 짊어지고 주님의 길을 따라야하는 십자가는 무엇입니까? 일생을 두고 피치 못할 크고 작은 고통이 우리 생활에서 지고 가야 할 십자가임은 틀림이 없습니다. 아무리해도 고쳐지지 않는 불치의 병으로 병석에서 뒹굴면서 살아가는 것도 십자가요, 허약한 신체로 세파를 헤치며 살아가는 것도 십자가요, 귀엽고 사랑스럽기만 한 자식들이 달이 가고 해가 갈수록 속을 썩이고 근심을 덮어씌우는 것도 십자가임에 틀림이 없습니다. 부푼 꿈을 안고 행복하게 살아가려던 부부생활에서 뜻이 안 맞아 아웅다웅 다투며 티격태격 살아가는 것도 십자가임에 다름이 아닙니다.

아무리 발버둥치고 몸부림쳐도 원수 같은 가난의 테두리를 벗어나지 못하고 그 가난 속에 파묻혀 살아가는 것도 감당하기 어려운 십자가요, 가난한 살림에 자식들을 떠맡고 앞뒤가 꽉 막힌 시부모와 형제들의 눈치 보며 살아가는 것도 십자가며, 기둥같이 믿고 의지했던 남편 아니면 아내가 덜컥 죽고 외롭게 세상을 살아가는 것도 큰 십자가입니다. 번번이 영혼 육신에 해를 입고 손해만을 보는 악습으로 정신과 영혼의 고통 속에서 사는 것도 또한 십자가입니다. 이웃 간에 동료 간에도 못마땅하여 미워하고 시기 질투하며 살아가는 것도 십자가요, 명예와 물욕과 권력에 눈이 어두워, 시기하고 은폐하고 위증하게 되는 것도 십자가입니다.

모든 사람은 각자 제 나름대로 피치 못할 고통을 안타깝게 지니고 살아갑니다. 우리는 이렇게 자기 십자가를 짊어지고 일어섰는데 그러나 남보다 가벼운 내 십자가는 너무도 크다 하고 너무도 무겁다하니 어쩌면 좋을까요? 이 십자가를 벗어 던지고 빈 몸으로 어슬렁어슬렁 주님의 뒤를 따라갈까요? 그럴 수는 없습니다.

주님은 그 육중한 십자가를 지시고 유혈이 낭자하여 자국마다 피로 물들이며 죽음의 길로 가셨기 때문이지요. 십자가가 너무 무거워 주님께 지워드리고 빈 몸으로 따라갈까요? 그럴 수는 없습니다. 한쪽 어깨에 메신 십자가 밑에 깔리며 일어나실 기운조차 없으신데 내 십자가까지 그 어깨에 지워드릴 수야 있겠습니까? 그러면 어떻게 하면 좋을까요? 주님이 엎어지셨다 일어서시고 일어서셨다 엎어지시고 이렇게 죽음의 전도를 되풀이하신 것과 같이 우리도 각자의 십자가를 지고 엎어졌다 일어서며 엎어졌다 일어서서 주님의 길을 따를 수밖에 도리가 없지 않습니까?

주님의 길을 따르는 우리의 어깨에 짊어진 십자가는 무겁기만 합니다. 주님께서는 온몸이 시퍼렇게 멍이 들고 터지고 살이 찢어지고 유혈이 낭자하도록 매를 맞으시고 만인에게 멸시와 천대와 능욕과 저주를 받으셨으며 십자가에 손과 발을 쇠뭉치로 못박히고 세 시간을 지극하고도 처참하게 몸부림치셨습니다. 예리한 창으로 가슴을 꿰뚫시고 죽음으로 우리를 구원하셨습니다. 우리의 십자가가 제아무리 무겁고 커서 천만번 엎어지는 한이 있더라도 주님을 따라가야 하지 않겠습니까?

32. 나오너라

사순절을 지내면서 그간 살아온 지난날을 되돌아보고 부활을 맞이하고 싶다. 사순절동안 어떻게 살았고 무엇을 하면서 살았을까? 착하고 거룩한 것은 얼마이고 좋지 못한 것은 얼마인가? 주님을 괴롭히고 외면한 일은 없었는가? 남의 마음을 괴롭게 한일은 없는가? 남에게 손해를 끼치고 돈을 낭비한 일은 없는가?

부모나 남편이나 아내에게 근심 걱정을 시킨 일은 없는가? 남의 애간장을 태운 일은 없는가? 남을 실망시키고 나 자신이 낙망해서 남과 나를 저주한 일은 없는가? 남에게 피나는 인색으로 고통과 실망을 준 일은 없는가? 하찮은 일에 화내고 남의 마음을 상하게 한 일은 없는가? 남에게 존대 받기를 원하고 은근히 교만하지는 않았는가?

주님과의 관계는 어땠는가? 열심도 정성도 없이 주님을 대하며 살지 않았나? 받들고 따름이 없이 외면하지는 않았나? 믿는다고 하면서 안 믿는 사람만도 못한 언행을 해서 하느님과 교회를 욕되게 하고 자기 영혼을 해한 일은 없는가? 더 착실하고 더 굳게 믿고 더 사랑하지 못하는 자신을 한탄한 때는 없는가? 이렇게 살아서는 안 되겠다 하며 자신의 생활을 반성하고 개선하려고 노력하지는 않았나? 하느님께 매달리고 기도했으나 "주님은 왜 내 기도는 안 들어 주시지?" 하면서 의심하고 원망하지는 않았는지?

참된 회개 없이는 부활이 있을 수 없다. 끝없이 믿고 한없이 기도하고 부둥켜 매달리고 회개해야 한다. 비록 되풀이되는 생활일지라도 일곱 번이 아니라 일흔일곱 번이라도 용서해 주시는 주님을 믿고 회개하며 일흔일곱 번 혈서라도 쓸 수 있는 마음이라면 얼마나 좋을는지?

러시아의 대문호 톨스토이는 참회록에서 다음과 같이 말했다. "내 젊은 시절은 공명심, 권세욕, 사욕, 애욕, 자만심, 분노, 복수심……. 이런 정열에 불태우던 시절이었다. 나는 전쟁에서 숱한 사람을 죽였고 도박을 했으며 유부녀와 간음했고 만취, 폭행, 살인 등 저지르지 않은 죄악이 없었다. 내가 글 쓰는 것은 오직 명예와 돈을 얻기 위해서였으며 문인들과 교제함으로써 추파와 아첨을 소나기처럼 덮어쓰고 있었다."

톨스토이는 명성과 부에도 불구하고 십여 차례의 자살을 기도했다. 말년에 "빛은 어둠 속에서 더욱 빛난다." 라고 고백하였듯, 어둠의 주검 속에서 "라자로야, 나오너라."(요한 11:43) 라는 예수님의 말씀을 자신에게 크게 외치고 마침내 새 사람이 되어 "부활"이란 소설을 쓰게 되었다.

우리는 무덤 속에 묻혀있는 라자로다. 톨스토이처럼 공명심, 권세, 이기심, 질투, 교만, 분노, 쾌락, 어둠의 무덤 속에 갇혀서 우리 몸속에서는 썩은 냄새까지 나오고 있지 않은지 모르겠다.

"주님, 저희를 불쌍히 여기소서. 주님 저희를 위해 눈물을 흘려주소서.
주님, 저희가 세속에서는 죽고 주님품안에서만 살아 숨쉬게 하소서.
주님, 저희에게 '나오너라' 큰소리로 부활시켜 주소서."

33. 언행의 지평

중국 고사에 염거지검(鹽車知檢)이라는 고사가 있다. 춘추시대 진나라 무공 때 손양이라는 사람이 있었다. 어느 날 손양은 나들이 갔다가 소금수레를 몰고 가는 한 떼의 말을 보았다. 그 중에서 천리마를 발견한 손양은 천리마에게 달려갔다.

천리마는 멍에를 멘 채 손양 앞에 무릎을 꿇고 소리쳐 울고 손양은 천리마의 목을 끌어안고 "네가 소금수레를 끌다니, 천리마인 네가 이게 어찌된 일이냐? 소금수레를 끌다니!"하면서 울부짖었단다. 손양은 천리마를 알아보았기 때문에 백락이라 불렀다. 백락은 말을 다스린다는 하늘의 별이었다.

천리마는 곡식을 한꺼번에 한 섬씩 먹는 대식가였는데 이 소금장수는 먹이가 아까워 조금씩 밖에 먹이지 않으니 한낱 보통말에 지나지 않을 수밖에 없었던 것이다. 이렇게 세월이 지나 천리마는 이미 늙어 제 실력을 발휘할 수 없게 되었으니 원한만을 품은 채, 소금수레를 끌면서 보통말로 늙어 가고 있는 것이었다. 우리 세상살이에서 염거지검 같은 일이 얼마든지 발생할 수 있는 것이다. 일생을 통하여.

사람에게는 누구나 한두 가지 특별한 재주가 있다. 그 사람이 일생을 통하여 대성하느냐? 대성하지 못하느냐? 하는 것은 그가 가지고 있는 소질이나 재주를 얼마나 개발하느냐 개발하지 않느냐에 달려있다.

선생님은 보통아이가 따라갈 수 없는 탐구심을 가진 에디슨을 알아보지 못했으나 그의 어머니만은 이를 알고 개발시켜서 에디슨으로 하여금 1,000여 가지가 넘는 발명품을 내어 발명왕이 되게 한 것이다. 그가 1931년 10월 18일 84세로 세상을 떠나자 그의 장례식날 밤 10시에는 미국 국민 모두가 일 분간 일제히 전등을 끄고 그의 명복을 빌어 주었다.

시기 질투와 모함으로 억울한 누명을 쓰고 처형당하여야 할 이순신 장군에게 그를 알아본 류성룡과 같은 사람의 끈질긴 구출노력이 없었다면 우리나라는 일본의 침략을 막아내지 못하고 일본의 속국이 되어 멸망의 길을 걸었을지도 모른다.

아인슈타인은 세 살까지 말도 못하고 친구와 제대로 어울리고 사귀지도 못하는 바보 취급을 당하였다. 학교에서 물리실험을 할 때에도 정상적인 방법으로 하지 아니하고 엉뚱한 방법으로 해서 꾸지람을 들은 적이 많았다. 그는 암기 과목은 형편없었으나 수학과 과학은 재미를 들여 공부하였고, 나중에 드디어 상대성 원리를 발표하고 핵 과학의 문을 열어놓은 위대한 과학자가 되지 않았던가?

인간이 대성하려면 원래 타고난 본바탕이 있을 뿐만 아니라 그 주위의 환경요인, 즉 운을 잘 타고나야 할 것이다. 난세에 영웅이 난다고 했다.

사람은 동물 중에서도 가장 욕심이 많은 것 같다. 사람은 보통 남보다 잘 살고 잘 먹고 남보다 높이 되어 남으로부터 존경 받기를 좋아한다. 짐승들이나 새들은 자기가 먹고 싶을 때 먹을 만치 먹으면 그만이지 쌓아 놓거나 저축해두지 아니한다. 사람의 욕심은 한이 없으니 쌓아놓고 또 쌓아놓고 가질수록 더 가지려 하며 높아지면 더 높아지려고 한다. 돈이 있으면 있을수록 돈에 대한 애착과 욕망이 비례해서 커진다. 쌀 99석하는 부자가 쌀 한 석하는 농부에게 100석 채우게 그 쌀 한 석을 달라고 한단다. 지위나 명예도 그렇다. 높으면 높아질수록 그 위력과 맛을 알기 때문에 돈을 더욱 추구하는 것 같다.

이러한 욕망을 채우기 위해서 밤낮없이 날고뛰는 사람이 있는가하면 어떤 사람은 걸어가고 어떤 사람은 느릿느릿 기어가는 사람도 있다. 느릿느릿 기어가는 사람보고 우리는 흔히 게으른 사람, 또는 무능한 사람이라고 한다.

어떤 사람은 돈에 대한 욕심 때문에 일벌처럼 열심히 일하는 사람이 있는가 하면 남의 둥지에 알을 낳아 알을 부화시키는 뻐꾸기처럼 온갖 수단방법을 가리지 않고 폭력과 부정부패로 치부하는 사람도 있다. 그리하여 선의의 사람에게 피해를 입히고 사회에 물의를 일으키고 지탄을 받아 급기야는 들통이 나서 신세를 망치는 사람이 있는가 하면 교묘한 수단으로 미꾸라지처럼 요리조리 빠져나가 외국으로 도피하는 사람도 있다.

또 어떤 사람은 자기에게 주어진 일에만 우직하리만큼 충실한 사람도 있다. 이러한 사람은 돈을 모으는데보다는 자기 임무에 충실한다. 물론 열심히 하는 대가는 보상되지만 보상에 집착하지 않고 사회의 공동 이익을 위하여 양심껏 일하는 사람이며, 이러한 사람은 매사에 충실하다. 가정에서도 직장에서도 충실하여 신망이 두텁고 남으로부터 가까이 하고 싶은 사람이 된다. 세상에는 이러한 사람이 비양심적으로 사는 사람보다 훨씬 많다. 그리하여 이 세상이 잘 유지되고 좋아지는 것 같다.

또 어떤 사람은 열심히 하지 아니하고 게으름 피우며 항상 뒷전에서 있는 사람도 있다. 이러한 사람은 사회에 대한 기여도가 낮아 어쩌면 있으나마나한 사람에 속한다. 어떤 경우 피해를 주며 걸림돌이 되는 존재이기도 한다.

어떤 사람은 출세를 위하여 온갖 수단 방법을 가리지 않는 사람이 있다. 이러한 사람은 직장에서 교묘한 수단으로 언제나 자기 앞에 큰 감을 끌어 놓는다. 남의 눈치는 아랑곳하지 않고 염치 불구하고 기회만 있으면 자기에게 유익한 쪽으로 끌어안는 사람이다. 이런 사람도 주위에 피해를 준다. 이런 사람보고 "남의 입에 든 사탕도 꺼내 먹는다"고 하고 뛰고 난다고 한다. 남이 걸어가는데 함께 걸어가는 게 아니라 약삭빠르게 차례를 무시하고 그 위를 짓밟고 뛰고 날아가 남을 제쳐놓고, 앞에 가 끼어들기 때문에 문제가 되는 것이다.

그러나 어떤 사람은 승진하고 출세하는데 집착하지 않고 묵묵히 자기 소임을 다하는 사람이 있다. 승진하고 출세하는 것이 싫어서가 아니라 자기 소임을 다 함으로써 주어지는 기쁨과 보람을 찾고자 한다. 직장의 상사나 동료들로부터 신망이 두터우며 건전한 사회의 초석이 되는 것이다. 그러다 보면 명예도 주어지고 승진도 하니, 뛰고 나는 사람보다는 항상 뒤처진다.

명예나 권력, 그리고 승진이나 부귀를 싫어하는 사람은 없다. 그러나 이러한 것을 정당하게 추구하고 정도를 밟아 성취해야하는데 야욕이 있는 사람은 정도를 무시하고 제 코스를 밟지 아니하고 새치기 하는 등 올바르지 못한 수단 방법을 써서 사회 질서를 어지럽히는데 문제가 있는 것이다.

우리들의 일상이 대화에서 남을 하찮게 여기고 낮추는 경우를 흔히 본다. 남을 낮추어 봄으로써 자기가 잘났다는 것이지만 남이 볼 때는 반대인 것이다. '저는 무엇이 잘났는데?' 생각한다. 자기와 알고 지내거나 연관 있는 사람이 유명한 사람이 있으면 "나는 그와 이러이러한 관계에 있다."고 자랑을 한다. 동창이라든지 친인척관계라든지 친구라든지 등등, 그래서 은연중에 자기를 과시하려는 경향이 있다.

또, 자기보다 나이가 적은 사람이나 사회적 신분이 보통인 사람에게 낮춤말을 씀으로써 자기를 과시하려는 사람도 주변에서 흔히 본다.

성서에 "어떤 나무든지 열매를 보면 그 나무를 알 수 있다. 가시나무에서 무화과를 딸 수 없고 가시덤불에서 포도를 딸 수 없다. 선한 사람은 선한 마음의 창고에서 선한 것을 내놓고 악한 사람은 그 악한 창고에서 악한 것을 내놓는데 마음속에 가득한 것이 입 밖으로 나오기 마련이다."(루카 6:44)라고 했다.

사실은 자기를 돋보이게 하려한다고 해서 다른 사람이 자기를 높이 보거나 돋보지는 않는다. 반대로 하찮은 존재에게도 정중히 대하고 높여주고 아랫사람들도 존중해주면 상대방 뿐 아니라 주위의 사람들도 나를 정중히 대하고 존중하게 되는 것이다. "누구든지 자기를 높이는 사람은 낮아지고 자기를 낮추는 사람은 높아진다."(마태오 23:12)

남을 낮춤으로써 자기가 높아진다는 생각은 착각이다. 남을 낮추어 말함으로써 자기가 높아지지 아니하고 남을 높여줄 때 비로소 자기가 높아진다는 것을 알아야 한다. 남을 칭찬하고 남의 장점을 발견할 줄 알고 존중함으로써 스스로가 높아진다는 것을 알고 일상생활에서 남을 함부로 판단하지 말고 남을 존중하는 언행의 지평을 열어야겠다. 그리하여 서로 존중하며 살아가는 사회를 이룩하여 하느님 보시기에 좋은 사회를 만들기에 노력해야겠다.

34. 달 친구여, 개구리 친구여

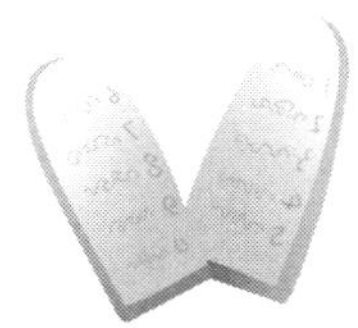

우리 집은 동향이라 아침 일찍 햇살이 찾아온다. 자다 눈을 떠보면 밖이 환하여 시계는 5시다. 앞산에서 꿩, 감나무에서 까치, 밤나무에서 뻐꾸기가 어서 일어나 하느님 찬양하며 기도하자고 맑고 고운 소리로 기상노래를 부른다.

복잡한 시내에서 탁한 공기와 다닥다닥 복잡한 집에서 살다가 이곳 농촌 지역으로 이사 온 지 20년이 넘었다. 어려서 농촌에서 태어나 흙과 나무와 풀과 벌레들과 새들과 함께 살아온 촌놈이라 어리던 시절로 다시 돌아가서 살고 싶은 마음에서다. 집 앞에는 냇물이 흐르고 집 뒤에는 산이 있어 산새들이 노래하고 집 둘레에는 과일나무의 꽃과 향기가 코털을 간질이는 이곳, 시내 변두리로 이사 오게 된 것이다. 교통이 다소 불편한 점은 있으나 공기가 맑고 시원하며 소음이 없는 조용한 곳이라 나이 들어 자연과 벗삼아 머리를 식혀가며 살아가기에는 도심보다 훨씬 좋다고 생각한다.

저녁에는 휘영청 밝은 달과 초롱초롱 반짝이는 별을 볼 수 있어 여름밤 시냇가 모래밭에서 옛날이야기로 꽃피웠던 어렸던 시절을 회상하게 된다. 시내 주택가 상가에서는 고층건물과 거리의 가로등 불빛에 달과 별을 볼 수가 없지만 이런 시골에서는 볼 수가 있다.

여름 저녁에는 논밭에서 경연하는 개구리들의 합창이 사람들의 마음을 더욱 포근하게 감싸 돈다. 소쩍새가 '소쩍소쩍' 봄 일찍이 산과 들을 깨우는가싶더니, 이어서 꿩이 '꿩꿩', 산비둘기가 '구구구구' 봄, 여름을 재촉한다. 이곳으로 이사 온 후 종달새 노래를 들어보지 못하였는데 올 봄에는 앞 냇가에서 여러 마리가 '삘룩삘룩' 이리 갔다 저리 갔다 하였다. 방울새까지 찾아와 '쪼르르룽 쪼르르룽' 방울 굴러가는 소리로 노래하고 처마 끝과 블럭을 쌓아놓은 틈 사이에 이름 모를 작은 새가 새끼를 까서 '찍찍' 소리 내더니 며칠 후 날아가 버렸다. 새끼 치는데 방해가 될까봐 조심하여 지나다녔다. 우리 마을 환경이 더 좋아져서 그런가 싶다.

과일 나무를 한두 그루씩 심어놓았더니 과일이 주렁주렁 열려 커가는 재미를 느낄 수 있고 자연의 신비를 체험할 수 있다. 딸기, 앵두, 자두로 시작하여 참외, 토마토 그리고 포도 등이 먹는 맛보다도 탐스럽게 익어가는 모습이 내 마음을 넉넉하게 살찌워주는 것 같다. 으름, 다래, 감, 밤, 대추, 사과가 일 년 내내 이어서 익어가니 좋다.

방문을 열 때마다 잠자리 나비 벌 등 곤충들이 방안으로 들어와 날아다니고 비가 올 때는 개구리란 놈도 문틈으로 들어와 뛰어다닌다. 대접만한 두꺼비도 마당에서 엉금엉금 기어 다니고 다람쥐가 나무 위를 오르내리면서 재주를 자랑하니 참으로 귀엽다. 이 여러 가지 동물들과 식물들, 꽃들, 채소, 과일나무를 내 가족으로 받아들이고 오순도순 살아가고자 한다.

하느님께서는 이 세상 창조하실 때 모든 자연으로 하여금 서로 사랑으로 도우며 서로 조화를 이루고 살아가도록 마련하시고 '보기에 좋다'고 하셨는데, 인간은 욕심이 지나쳐 동식물을 무절제 착취, 채취, 취식하여 자연 질서를 파괴하고 있다고 생각한다. 산과 들과 바다의 무분별한 파괴와 변형, 공업화, 산업화로 대기, 물, 토양의 오염, 각종 폐기물의 양산과 방치 등 지나치고 있다.

자연은 고사하고 인간 사랑이 메말라가고 이기주의, 물질만능주의, 생명경시 풍조가 날이 갈수록 더해가고 있다. 창세기 6,7장에 나오는 하느님의 노아의 홍수 심판이 두려운 생각이 든다.

동물들은 인간처럼 모아놓지도 않고 쌓아 놓지도 않고 배부르면 그것으로 끝내고 살아가도 잘만 살아가는데 사람만은 한없이 쌓아놓으려고 욕심을 부리고 파괴하고 착취를 일삼으니 자연 전체가 망가지고 있는 것이다. 인간들끼리 용서와 화해뿐만 아니라 식물들과도, 동물들과도, 무생물들과도 화해를 해야겠다고 생각한다.

그리하여 하느님께서 최초에 세상을 만드시고 보시기에 좋다고 하신 자연의 회복에 총력을 기울이지 아니하면 지구는 멸망할 수밖에 없음을 알아야겠다.

35. 자식 이기주의?

지금부터 6,70년 이전으로 거슬러 올라가면 우리 조상들은 수부귀다남(壽富貴多男) 즉 자손을 많이 낳아 번창하고 부귀를 누리며 오래 사는 것을 인생의 가장 큰 복으로 여겨왔으니 자식을 많이 낳아 기르는 것도 오복의 하나라고 생각했던 것이다. 일찍이 유럽 선진국 쪽에서는 인구와 식량문제 지구상의 자원문제를 생각하여 산아제한을 시작으로 우리나라까지 자손을 적게 낳아 기르자는 생각이 확대되었다.

우리나라에서도 60년대 이후 자녀 둘만 낳아 기르자는 이기적인 생각으로 불임수술, 낙태를 다반사로 해왔고 지금도 자녀 여럿을 원치 않는 사람이 많다고 생각한다. 이유는 양육비, 교육비 때문이다.

살림살이가 넉넉지 않은 가정에 아들 셋, 딸 셋 둔 사람이 있었다. 자녀 하나나 둘 둔 사람보다는 경제적으로 어려움이 물론 많았다. 그러나 자녀들이 어려서부터 서로 나누어 쓰고 절약하고 서로 협조하며 커가는 것이었다. 학용품도 돌려가며 쓰고 먹을 것도 쪼개어 나누어 먹고 언니들이 동생의 보호자 노릇을 하며 살아가는 것이었다.

교육은 남처럼 초고학부까지는 못 보냈으나 중등 교육까지는 모두 마쳐주었다. 고등학교까지는 모두 마치고 남의 집 점원, 공장 공원, 서

비스 종업원 등 각기 생활전선에 뛰어들어 맡은 일에 남달리 충실하였다. 그리하여 기술과 기업경영을 익혀 3,40이 넘어서는 사장도 되고 일류 기술자도 되고 신용 본위의 경영인이 되어 지금은 6남매 모두 잘 사는 집이 되었다. 어려서부터 서로 돕고 아끼고 사람을 대하는 법을 잘 배워서 그렇게 된 것이었다.

금이야 옥이야 귀하게 호의호식하고 귀한 자식으로 최고 학부를 나와 어려움을 모르고 펜대만 흔들다가 IMF가 몰아닥쳐 구조조정으로 회사에서 쫓겨나와 실업자가 된 두 자녀의 가정과는 비교가 안 되었다.

또 교회에 나오는 어떤 집은 자녀들이 성직자가 되고 수도자가 되어 주위의 사람들이 부러워하는 집을 보았다. 세속 영화를 등지고 물질과 명예와 지위를 탐하지 않고 성직, 수도의 길은 그 나름대로 어려움이 많지만 남을 위하여 봉사하고 자신을 희생하여 여러 사람으로부터 존경을 받는 사람도 있다.

신부님으로부터 가끔 "아들 딸 적게 낳으려고 하지 말고 하느님으로부터 주시는 자녀를 선물로 알고 받아들여 많이 낳아 사회에 봉사하는 사람도 만들고 특히 신부나 수녀로 보내면 부모로서 그보다 더 큰 보람을 어디에서 구할 수 있으며 그보다 더 큰 효도를 누구에게 받겠는가?"하는 이야기를 듣는다. 결혼하면 자식은 자기 짝과 함께 부모님 곁을 훌쩍 떠나지만 성직자나 수도자는 남편이나 아내 자식이 없으니 가장 가까운 피붙이인 부모는 항상 마음속에 주님과 함께 모시고 다니며 잊지 않고 생활한단다.

맏아들을 낳고 성급하게 불임수술을 한 사람이 있었다. 넉넉한 집에서 금이야 옥이야 떠받침만 받고 자란 이 아이는 오직 저 하나만 아는 이기적이고 욕심 많고 남을 생각하지 못하는 사람이 되고 말았다. 그 아이는 사회와 주위 사람들로부터 사랑받기는 고사하고 이기적이고 피해만 주는 사람으로 손가락질을 당하고 비난을 당하는 사람이 되고 말았다. 우리는 주변에서 이러한 사람들을 쉽게 찾아볼 수 있다. 더불어 사는 사회에서 같이 사는 삶을 체험하지 못하고 자랐기 때문이라 여겨진다.

또 외아들이 교통사고로 죽거나 반신불수의 장애인이 된 경우가 있다. 부모는 예기치 못한 날벼락에 희망과 삶의 의욕을 상실하고 방황하면서 자식을 하나라도 더 낳았을 것을 하며 후회하는 사람도 보았다. 때는 이미 늦었으니 어찌하랴.

자식을 아예 낳지 못하는 어떤 부부는 불우한 남의 자식을 양자로 데려다가 잘 길러 좋은 일을 하고 훌륭한 사람으로 성장시킨 경우도 흔히 본다. 생각하기에 따라서는 낳은 정보다 기른 정이 더 깊을 수도 있다. 어렸을 때 낳은 부모가 버려서 죽을 수도 있었는데 양부모를 잘 만나서 훌륭하게 잘 자랐으니 키워준 부모가 어찌 생명의 은인이 아니겠는가?

요즈음은 남녀 차별 없이 낳아 기르지만 짝을 찾지 못하여 결혼을 못하는 젊은이가 늘어나 사회문제로 떠오르고 있다. 생명의 존엄성에 대한 영상을 본적이 있다. 낙태 수술대에 올려진 2개월 된 뱃속의 아기가 수술 가위가 들어오자 자궁 속에서 몸부림치며 피해 다니다가 가위에 몸뚱이가 도막나는 그 처참한 모습은 차마 볼 수가 없었다. 부모로서 살려고 몸부림치는 자기 뱃속에 있는 자식을 이렇게 찢어죽일 수 있겠는가? 자기만 살자고 무죄한 자식을 그렇게 찢어 죽일 수 있단 말인가? 뱃속에 든 태아도 세상에 태어나면 훌륭하게 자랄 똑같은 사랑하는 자식인데 말이다.

하느님께서는 인류를 구하고자 스스로 인류로 탄생하시어 십자가의 고난을 택하셨는데 오늘날 사람들의 행동이 이렇게 악해지고 못된 짓들만 일삼으니 하느님의 심판이 두렵지 않을 수 없다.

하느님께서 주시는 자식은 우리에게 최고의 선물이다. 최고의 선물로 받아들이고 성직자나 수도자로 보낸다면 이 사람이 제2의 성모님이 아니겠는가? 또 그렇게는 못한다 해도 하느님의 뜻을 따라서 이웃을 위해 사랑을 실천하도록 열심히 기르고 교육하여 제 구실을 다하는 부모가 아쉽다.

아직 지구상에 남아돌아가는 가용자원이나 널따란 대자연 대지를 보면서 하느님의 뜻이 어디에 있는지 생각해보는 것이다.

"공중에 나는 새를 보라. 그것들은 씨를 뿌리거나 거두거나 곳간에 모아들이지 않아도 하늘에 계신 너희 아버지께서 먹여주신다. 너희는 새보다 훨씬 귀하지 않으냐?"(마태오 6:26)

36. 밀레니엄 인생

수많은 세상 사람들 중에 똑같은 얼굴은 하나도 없다. 비슷한 사람이나 닮은꼴은 있지만, 일란성 쌍둥이도 언뜻 보기에는 같아 보이지만 자세히 보면 어디가 달라도 다른 점이 있다.

이 세상 살아가면서 무수히 많은 사람들을 접하게 된다. 얼굴이 길쭉한 사람, 동그란 사람, 눈이 예쁜 사람, 콧날이 오뚝한 사람, 입이 큰 사람, 턱이 긴 사람, 뾰족한 사람, 광대뼈가 나온 사람, 키가 큰 사람, 작은 사람, 험상궂게 생긴 사람, 인상이 안온한 사람 등.

사람을 대하는 표정도 각양각색이다. 항상 웃는 사람, 항상 무뚝뚝한 표정에 의례적인 인사만 하고 말이 없는 사람, 남을 헐뜯기만 좋아하고 칭찬에 인색한 사람, 미소가 항상 떠나지 않고 친절한 사람, 남의 좋고 긍정적인 면만 이야기하고 나쁜 면이나 부정적인 이야기는 전혀 하지 않는 사람 등 가지각색이다.

이야기를 할 때 어떤 사람은 언어나 표정으로 감정을 넣어서 하는 사람이 있다. 매사를 긍정적으로 보고 언행이 신중한 사람은 좋은 일이나 칭찬하는 일에는 좋은 감정을 표현하나 좋지 못한 일이나 잘못을 말하는 일에는 감정을 배제하고 말한다. 감정을 나타내면 남을 자극

하는 것이 된다.

사람들은 수하인이나 가까운 사이에는 흔히 언행의 조심성이 적다. 그리하여 하찮은 일로 기분을 상하게 하거나 자존심을 상하게 하는 경우도 있다. 그래서 선생이 제자로부터 존경을 받지 못하고, 직장 상사가 직원들로부터 호평을 듣지 못하고, 자녀가 부모와의 대화를 단절하고 가출하여 비행 청소년이 되며, 제일 가까운 부부지간에도 불신이 쌓이고 싸움이 잦게 되는 것이다. 남으로부터 평판이 좋은 사람의 공통점은 언행이 신중하고 감정을 노출시키지 않으며 상대편을 먼저 생각하고 객관적인 입장을 견지하는 사람이다.

언행이나 표정은 그 사람의 됨됨이를 대변한다. 사람마다 떠오르는 인상이 있다. 가령 ㅇㅇ하면 웃는 모습이, AA하면 찡그린 모습이, BB하면 고집스런 모습이, CC하면 호들갑스런 모습이, DD하면 근엄하고 딱딱한 모습이, 대포쟁이 모습 등 머리에 새겨진 인상이 각각 있다. 그래서 자주 만나고 싶은 사람이 있는가 하면, 별로 만나고 싶지 않은 사람도 있고, 만나도 피하고 싶은 사람이 있는가 하면 저기 가는 뒷모습을 보고도 쫓아가 붙들고 싶은 사람이 있는 것이다. 어떤 젊은 남녀들은 처음 만나자마자 매력을 느끼고 결혼하여 일생을 행복하게 사는 사람이 있는가 하면, 살아가면서 단점을 발견하고 그럭저럭 살아가는 사람도 있다.

음식점이나 접객업소 상회점포에서 지나치는 손님에게도 항상 친절하게 웃고 부드럽게 대하면 손님을 끌게 되는 것이다. 누구에게도 친절하고 부드러운 사람은 호감을 사지만 무뚝뚝하고 퉁명스럽거나 남을 헐뜯거나자기 앞에 큰 감을 놓는 사람에게는 사람이 따르지 않는다.

자기를 낮추고 상대편을 높이는 겸손한 사람, 이해하고 공감하는 사람, 자기를 다듬고 정리하는 사람이 되면 어떨까? 언제 어디서나 좋은 인상으로 새겨진 사람은 많지 않은 것 같다. 대하면 대할수록 정이 가는 사람, 말 못할 사정으로 가슴앓이를 할 때 마음을 툭 털어놓고 이야기 하고 싶은 사람에게 햇볕이 따스하게 내려앉지 않을까?

"여러분은 스스로 낮추어 하느님의 권능에 복종하십시오. 때가 이르면 하느님께서 여러분을 높여주실 것입니다. 여러분의 온갖 근심 걱정을 송두리째 하느님께 맡기십시오. 하느님께서는 언제나 여러분을 돌보십니다."(1베드로 5:6,7)

37. 천국통장

루카복음 16장 후반부에 있는 예수님의 말씀이다. 잘 먹고 잘 입고 호화로운 생활을 하던 부자가 죽어서 하느님 나라에 들어가지 못하고, 자기 식탁에서 버리는 찌꺼기 음식을 먹고 살았던 종기투성이인 나자로가 천국에서 아브라함의 품에 안겨있는 것을 보았다.

이 부자는 불 속에서 심한 고통을 받고 있는 자기에게 나자로를 보내어 손가락으로 물 한 방울이라도 찍어 제 혀를 축이게 해달라고 청했다. 그러나 아브라함은 '너는 살아있는 동안 온갖 복을 다 누렸지만 나자로는 세상에서 불행이란 불행을 다 겪어서 지금 여기(천국)에서 위안을 받고 있으며, 너는 거기에서 고통을 받고 있는 것이다. 또한 너와 우리 사이에는 큰 구렁텅이가 가로 놓여 있어서 통행할 수 없다.' 고 말하였다.

그러나 그 부자는 '그렇다면 제 아버지 집으로 보내어 우리 다섯 형제들에게 이 고통스런 곳에 오지 않도록 경고해 달라.'고 까지 부탁을 하였다. 아브라함은 '네 형제들에게 모세와 예언자들이 있으니 그 말을 들으면 될 것이다.' 라고 했다. 그러나 부자는 '죽었다가 다시 살아난 사람이 가지 않으면 회개시킬 수 없다.'고 까지 말하였다. 이에 아브라함은 '모세와 예언자들의 말도 듣지 않는다면 어떤 사람이 죽었다가 다시 살아난다 해도 믿지 않을 것이다.'라고 말하였다.

예수님께서는 이 세상에서 천덕꾸러기로 고생하면서 산 사람에게 고생이 결코 헛된 것이 아님을 일깨워주시며 불쌍한 사람을 돌보지 않고 자기만 잘사는 사람에게는 사후 지옥에 가서 후회한들 이미 늦었으니 어찌하겠느냐는 가르치심이다.

우리는 이 세상 살아가면서 천차만별 기쁜 일 슬픈 일 가지각색의 희로애락 중에 허덕인다. 특히 예수님께서는 가난한 자, 슬퍼하는 자, 온유한 자, 외로운 자, 청빈한 자, 멸시당하는 자, 박해받는 자에게 희망과 용기와 구원의 길, 참 삶의 가치를 알려주셨을 뿐만 아니라 부자, 힘 있는 자가 어떻게 살아야 하는가를 가르쳐 주시고 죽기까지 삶의 모범을 실천하시고 부활로 온 인류에게 희망을 안겨주셨다.

요즈음 우리나라 사람들은 자식에게 대해서 과잉보호가 극에 달했다고 해도 지나친 말은 아니다. 사람으로서 자손이 잘되기를 바라지 않는 사람이 어디 있겠는가마는 지나친 욕심이나 지나친 바람은 결코 이롭지 않은 것이다. 눈물 젖은 빵을 먹어본 사람이 아니면 배고픈 사람이나 없는 사람의 고통을 충분히 이해하지 못한다. 천덕꾸러기나 억울한 일을 당해본 경험이 없으면 그러한 괴로움을 충분히 공감하지 못하는 것이다. 그래서 '젊어서 고생은 사서도 한다.'고 하지 않았던가? 부자처럼 죽은 후에 가족 걱정 말고 세상살 때 자신과 가족의 삶을 바로 세워 놓아야 된다고 생각한다.

이 세상에 아무리 어려움이 있다 하더라도 앞에 말한 부자가 겪는 지옥이나 연옥에 비교할 수 있겠는가? 지옥이나 연옥에 가서 받을 고통을 생각한다면 이세상의 하찮은 어려움을 어찌 마다하랴? 사후 세계를 생각한다면 이 세상의 단련이나 고통이 두렵지 않을 것이다. 병에 시달리거나 불의의 사고로 불구가 되었다 하더라도 연옥이나 지옥의 고통만 하겠는가? 우리의 일상생활에서 괴롭히는 사람이 있다면 그를 미워하거나 못마땅하게 생각하지 말고 나에게 인내와 관용을 베풀 기회를 제공해 주심에 오히려 고맙게 생각하고 받아들여야 할 것이다. 하느님께서 주시는 내 십자가를 지지 않고 투덜대며 살아간다면 하느님께서 부르시는 날 무슨 셈을 바치겠는가. 답답한 일이다. 어떻게 할 것인가?

세상 은행에 돈만 저축할 것이 아니라 천국은행에 선행통장, 인내통장, 용서통장, 극기통장, 봉사통장 등을 개설하여 저축하고 교무금 통장만 가지고 있을 뿐만 아니라 24시간 중 한 시간만이라도 주님께 바치는 24조 통장도 마련한다면 어떨까?

"주님과 함께 항상 기뻐하십시오. 거듭 말합니다. 기뻐하십시오. 여러분의 너그러운 마음을 모든 사람에게 보이십시오. 주님께서 오실 날이 얼마 남지 않았습니다. 아무 걱정 마십시오. 언제나 감사하는 마음으로 기도하고 간구하며 여러분의 소원을 하느님께 아뢰십시오. 그러면 사람으로서는 감히 생각할 수 없는 하느님의 평화가 그리스도 예수를 믿는 여러분의 마음과 생각을 지켜주실 것입니다."(필립보 4:4~7)

38. 닭싸움

학교 체육시간, 오락시간에 구기, 씨름, 여러 가지 기구나 시설물을 이용하여 운동을 하고 닭싸움이란 경기도 한다. 닭싸움이란 한쪽 발목을 두 손으로 잡고 다른 쪽 무릎에 대어 붙들고 한발로 껑충껑충 뛰면서 상대방을 넘어뜨리거나 발목을 쥔 손을 놓치게 하여 승부를 가리는 경기다. 남녀 누구나 준비물 없이 좁은 공간에서도 간편하게 할 수 있는 흥미로운 경기다. 가끔 TV에 나오는 닭싸움, 즉 투계는 사람들이 하는 것이 아니라 수탁을 싸움 붙여놓고 관전하는 것이다.

닭의 종류는 여러 가지가 있다. 알을 많이 낳는 난용종, 육질이 좋고 빨리 크는 육용종, 작고 귀엽게 생긴 관상용종, 성질이 사납고 싸움을 잘하는 투계도 있다.

닭 중에서 특별히 훈련을 시켜 싸움을 시키는데 투계장에 나오는 닭은 몸집이 크고 사나우며 끈질기고 날쌔어 어떠한 싸움에서도 물러서지 않고 끝까지 공격하여 상대방을 죽이거나 굴복시키는 강한 수탁이다. 싸움을 시켜놓고 관람하거나 돈을 걸고 내기도 하는 도박과 같은 것이다.

날카로운 부리로 찍고 뾰족한 뒷발가락으로 차고 높이 뛰어 내리 쪼면서 격렬하게 공격하며 싸우니 벼슬이 너덜너덜 찢어지고 눈이 찢어지고 피투성이가 되어 나뒹굴고 죽고 하는 닭싸움 장면은 비록 미물이지만 인간으로서 눈뜨고 보기에는 너무나 처절한 장면이라고 하지 않을 수 없다.

투견대회란 개싸움을 붙여놓고 관람한다. 우리나라 투견 역사는 1958년 공식적인 투견대회가 열렸고, 1970년 농림부의 정식허가로 한국도사견협회가 설립된 이후 전국규모로 열렸다. 투견대회는 무게에 따라 소형(43kg이하), 중형(50kg이하), 대형(50kg이상) 세 급으로 나누어 대결한다. 투견대회 역시 사력을 다해 물어뜯고 피 흘리는 처절한 모습이어서 보기에 안타깝다. 그래서 국가에 따라서는 투견대회가 동물 애호정신에 위배되는 일이라 금지하는 나라도 있다.

우리나라는 예로부터 전해 내려오는 민속놀이로 씨름이 있다. 씨름은 소 힘겨루기를 사람놀이에 적용시킨 것이다. 소는 씨름을 하지 못하므로 싸움을 시켜 상대를 밀어붙여 승패를 가린다. 집채만한 황소 두 마리가 씩씩거리면서 거품을 북적북적 내뿜으며 머리로 받고 밀어붙이는 모습은 볼 만한 구경거리이나 이 역시 사력을 다하여 싸우는 모습, 인정 있는 사람이라면 마음이 편하지 못할 것이다.

서양의 투우는 소끼리의 싸움이 아니라 사나운 소와 사람이 생명을 걸고 벌이는 한 판 싸움이다. 고대 그리스나 로마시대에 무예로 시행해 내려온 데서 그 기원을 찾을 수 있으며 아프리카 북서부 알제리, 모로코지방에 살던 무어인이 스페인에 침입함으로써 유럽에 전파되어 17세기 말까지는 궁중오락으로 귀족들 사이에만 행하다가 18세기 초 부르봉왕조 때에 일반 군중 앞에서 행해지기 시작했다.

투우는 특히 스페인에서 발달하였는데 투우사는 주역인 마타도르

한 사람, 말 타고 창으로 소와 싸우는 두 사람, 창 가지고 뛰어다니며 싸우는 두 사람, 그리고 조수 몇 명으로 구성되어 사나운 황소 한 마리와 싸운다.

주역 마타도르에 의하여 유도되어 나타나는 성난 큰 황소와 뛰어다니며 싸우는 두 사람이 찌르고 받치며 한바탕 싸운 후 말위에 창을 들고 나타나는 두 사람의 투우사와 교대로 싸워 싸움이 절정에 달했을 때 마지막으로 주역인 마타도르가 재등장하여 예리한 칼로 소의 심장을 찔러 쓰러뜨림으로써 끝난다.

투우, 투견, 투계 대회 모두 처절한 피투성이가 되는 대회에 구름처럼 몰려들어 비싼 관람료를 내고 흥분하여 목이 터지라고 소리 지르면서 펄펄 뛰고 흥분하는 군중들, 여기에 거액의 돈까지 걸고 도박을 벌이고 있으니 안타까운 생각이다.

찢기고, 부러지고, 죽이고, 약탈하는 것은 동물세계 생존경쟁에서 벌이는 약육강식 일면이라고 생각할 수도 있다. 자연계에서는 먹이사슬의 계층적 소비차원에서 잡아먹고 먹히는 생존싸움이 계속 일어나는 것이다. 종족 유지 번식에 있어서 번식기에는 암컷을 두고 수컷끼리 치열한 쟁탈전이 벌어지기도 한다. 그러나 인위적으로 조장 계획하여 벌이는 동물들의 싸움대회, 무죄한 짐승이 구경거리의 제물로 피투성이가 되어 쓰러지는 그 잔인한 모습을 열광하며 관람하고 돈을 걸고 도박까지 하는 것은 소위 만물의 영장이라 하는 인간으로써 즐겨할 일은 아니지 싶다.

투우대회, 투견대회, 투계대회 이러다가는 말싸움, 양싸움, 토끼싸움, 돼지싸움, 오리싸움까지 생길지도 모르겠다. 옛날부터 때도 장소도 가리지 않고 정복과 경쟁과 싸움을 일삼아온 인간이기 때문에 그렇다고 할까?

오락이라고는 하지만 투전이라는 것도 있다. 종이딱지나 그림이나 주사위 막대 같은 기구로 이기면 돈을 가져가는 것이다. 우리나라 옛날부터 투전이라는 소위 노름, 일년 내내 농사를 짓고 거둔 후 겨울 동안 으슥한 방구석에 모여 노름하여 쌓아 둔 곡식 모두 날리고 심하면 집까지 날리고 빚더미에 올라 패가망신하는 경우도 있어 건전한 사회를 어지럽히는 일종의 악성 바이러스라고 할지도 모른다.

또한 요즈음 일확천금 사행심에 끌어들이는 카지노, 복권, 빠찡꼬, 노름, 경마, 경륜 등 각종 경기에 돈을 거는 행위, 각종 사행성 문화, 모두 건전한 방향으로 바뀌었으면 좋겠다. 이러한 사행성, 투기성, 한탕주의가 불러오는 것은 강도, 살인, 기만, 위조, 사기 등이 아닐까 생각한다.

물질만능주의, 경쟁주의, 상업주의, 향락주의 문화가 만연하고 있는 사회를 바꾸어야 한다고 생각한다. 대립보다는 타협하는 사회, 조금씩이라도 양보하는 사회, 남을 배려하는 사회, 양심이 살아 숨 쉬는 사회, 도덕성을 중시하는 사회가 이룩되었으면 좋겠다.

'아버지의 나라가 오시며, 아버지의 뜻이 하늘에서와 같이 땅에서도 이루어지소서.'

39. 그리운 삼종소리

지금부터 십여 년 전 서울 가회동에 거주할 때다. 땡땡땡 종소리, 아침 6시, 낮 12시, 저녁 6시, 매일 세 번씩 들려오는 삼종소리, 집에서 이백여 미터 떨어져있는 가회동 성당에서 예수님의 강생구속의 신비를 일깨우는 삼종소리, 듣고서 어찌 기도 없이 지나칠 수 있겠는가?

주님의 천사가 성모님께 성령으로 구세주의 강림 알림에 성모님의 순응으로 인류 구원 사업을 이루신 것을 찬양하는 연중 삼종기도며, 주님부활을 찬양하고 우리 구원의 완성을 간원하는 부활삼종기도다. 삼종기도 평화의 종소리는 우리의 마음을 평화로 잠재우고도 충분히 넘친다.

우리의 기도소리를 듣고 성모님께서 기뻐하실 모습을 눈 속에 그리며 삼종기도 바치는 내 마음의 한구석엔 우리 죄 때문에 가슴 아파하실 성모성심을 지울 수 없음도 어찌할 수 없지만, 더욱 용솟음치며 가슴에 끓어오르는 것은 부활을 주님과 함께하는 기쁨의 알렐루야다.

삼종이 울리면 프랑스의 유명한 장 프랑수아 밀레의 만종도 함께 떠올린다. 하루 종일 밭에서 구슬땀을 흘리며 오순도순 내외가 정답게 이야기하면서 일하다가 저녁노을 삼종소리에 성당 종소리를 향하여

두 손 모아 기도하는 한 쌍의 부부, 그 얼마나 정겹고 평화스러운가? 정녕 하느님께서는 이렇게 착한 부부들에게 평화와 행복을 넘치게 듬뿍 주시리라.

1970, 80년대만 해도 교회마다 종을 울렸지만 소음 공해가 거론되면서 종을 금지한 이후 없어졌다. 그러나 이곳 가회동 성당만은 요즈음 계속 삼종을 치니 이곳에 와서 반갑기 비할 데 없다. 내가 어렸을 때 8.15광복 전부터 낮 12시면 정오를 알리는 사이렌이 경찰서 지서에서 울렸다. 그때는 잘사는 집 외에는 가정에 시계가 없었으니 시각을 알지 못하고 하늘에 떠있는 해의 고도를 보고 때를 짐작하며 살았다. 들에서 산에서 일하다가 오포(12시 정각에 울리는 사이렌소리)가 울리면 정오임을 알았다. 시계의 나라 스위스에서는 시계를 제작하면서 일찍이 매 시각 종을 울려 주민들에게 시각을 알려 주어 왔다.

전에 우리나라 성당에서 삼종 칠 때 종소리가 나면 일손을 멈추고 삼종기도를 드렸으며 길거리를 걸어가다가도 발걸음을 멈추고 삼종기도를 드렸던 기억이 새롭다. 그러나 요즈음은 삼종을 울리지 않으니 많은 사람들이 삼종기도를 바치지 않는다. 특히 근래에 세례 받은 사람들은 삼종기도를 모르는 사람이 많은 것 같다.

경제적으로 몇 십 년 전보다는 살기가 좋아졌으나 요즈음 편의주의가 사회 전반에 팽배하여 신앙을 저버리거나 소홀이하는 사람이 속출하고 있는 현실이다. 대전 집에 와서도 종로 가회동 삼종소리가 그립다. 삼종기도를 빠뜨릴 때가 많으니 말이다.

전국 성당에서 삼종만은 울렸으면 좋으련만, 기쁨과 평화가 넘치는 향기를 종소리에 실려 전국 방방곡곡에 울려 퍼지도록, 오늘 따라 까치소리가 유난히 산천을 울린다.

40. 기다림의 미학

무엇을, 누구를 기다린다는 것은 좋은 것 같다. 연인을 기다리고, 끼니때 음식을 기다리며, 가뭄에 비를 기다리고, 겨울에 따스한 봄을 기다리는 일은 좋다고 생각한다. 시험을 치르고 발표를 기다릴 때는 초조와 불안과 희망이 교차되고, 옛날 시골 5일장에 물건과 과자를 사 오실 엄마를 기다리는 마음은 아름다웠다.

하지만 죄를 짓고 판결을 기다리는 마음은 불안스럽고, 불치의 병으로 죽음을 기다리는 것은 괴로운 일이다. 그렇다고 신세타령이나 불평만을 일삼을 수 없으니 상황에 맞게 자신을 되돌아보고 기다려야 하지 않겠는가?

기다림에 유태인만큼 끈질긴 민족도 없다. 예멘에 이산되어 살았던 이천년 가까이 문명세계와 단절된 채 살아오고 전 세계에 퍼져서 살아온 유태인들이 약속된 땅에 조국이 세워졌다는 소식을 듣고 5만여 명이 약속의 땅 팔레스타인을 향해 보따리를 머리에 이고 등에 지고 바위산을 넘고 사막을 지날 때 이스라엘 정부는 군용수송기로 도와준 것이다.

소설 레미제라블로 유명해진 파리의 지하수로를 관광하려면 무려 3

시간을 기다려야 했던 일도 있었으며 스타인백의 '미국인론'에서 미국인은 잠자지 않는 시간의 3분의 1을 기다리는데 소비한다고 했다.

우리들은 어떤가? 매사에 너무 서두른다. 기다릴 줄 모른다. 승강기 입구, 버스 승강장, 택시 승강장, 은행창구, 관람장 입구, 사람이 많이 모여 있는 곳, 서로 앞을 다투어 나가고 차례를 무시하고 질서를 안 지킨다. 음식점 주문도 당장 내놓으라고 재촉하고 번개배달이라는 간판을 붙여야 하고 병 치료도 당장효과를 보아야 안심이니 이럴 수가.

기껏해야 5분이나 10분 정도 줄서기가 지루하여 새치기를 하고 5초나 10초를 못 기다려 차선을 바꾸는 한국인이 아닌가 한다. 또한 건설공사도 공기를 기다리지 못하고 빨리빨리 대충하는 일이며, 약도 즉효약을, 돈벌이도 한탕으로, 벼슬도 벼락감투로. 그러니 그 결과는 어떻게 되는가?

유럽의 건축물을 보면 참으로 오랜 세월에 걸쳐서 튼튼히 지은 건축물이 많다. 로마 비엔나 파리 런던에 가보면 사오백년 된 건축물들이 많다. 로마 베드로 대성전은 1506년에서 1626년까지 120년 걸쳐서 완성했다하니 어떤가?

작품을 만들 때 예술인들은 단시일 내에 만드는 것이 아니라 몇 달, 몇 년, 몇 십 년 걸려서 생각하고 만들고 또 생각하고 만들고, 다시 고쳐 자기의 혼을 넣어 완성한다. 시 한 수를 짓기 위해서도 여러 날을 고치고 또 고치고 몇 년을 두고 완성하기도 한다. 보다 훌륭한 작품을 만들기 위해서는 두고두고 생각하여 다듬고 다듬어 나가는 것이다.

일도삼례(一刀三禮)란 말이 있다. 돌부처를 조각할 때 한번 쪼고 세 번 절하고 또 한 번 쪼고 세 번 절하고를 계속하여 완성한다는 것이다.

대학시험에 떨어졌다고 자살하는 학생, 사업에 실패했다고 자살하는 사람, 성격이 맞지 않는다고 이혼해 버리는 사람, 째려본다고 흉기를 휘두르는 사람, 꾸지람 들었다고 극약을 마시는 청소년, 성적이 떨어졌다고 목매다는 학생 등등 성급한 사람도 가지가지 많다. 우리 한국의 자살률이 세계에서 최고 높다니 참으로 부끄러운 일이다. 나라의 지도자인 대통령도 자살했으니 이 나라 이 사회가 어디를 향하여 가는지 모르겠다. 자살자는 무어라 변명을 늘어놓을지 모르지만…….

기다리고 느긋하다면, 어려운 고비도 조금만 참고 기다린다면, 잘 해결 될 수도 있는데 돌이킬 수 없는 끝장을 내다니 말이다. 어두운 밤이 지나면 밝아오는 내일도 있고, 인생의 길은 좋은 길도 있고, 꼬불꼬불한 길도 있으며 오르막길, 내리막길이 있다. 풀도 새도 나무도 짐승도 무수히 만나게 된다. 어떠한 어려움에 처하더라도 포기하지 말고 하느님의 안배를 구하며 최선을 다 할 일이다.

"너희 가운데 누가 벗이 있는데 한밤중에 그 벗을 찾아가 이렇게 말하였다고 하자. '여보게 빵 세 개만 꾸어주게. 내 벗이 길을 가다가 나에게 들렀는데 내놓을 것이 없네.' 그러면 그 사람이 안에서 '나를 괴롭히지 말게. 벌써 문을 닫아걸고 아이들과 함께 잠자리에 들었네. 그러니 지금 일어나서 건네줄 수가 없네.' 하고 대답할 것이다.

내가 너희에게 말한다. 그 사람이 벗이라는 이유 때문에 일어나서 빵을 주지는 않는다 하더라도 그가 줄곧 졸라대면 마침내 일어나서 그에게 필요한 만큼 다 줄 것이다.

청하여라. 너에게 주실 것이다. 찾아라. 너희가 얻을 것이다. 문을 두드려라. 너희에게 열릴 것이다. 누구든지 청하는 이는 받고, 찾는 이는 얻고, 문을 두드리는 이에게는 열릴 것이다."(루카 11:5~11)

2

chapter

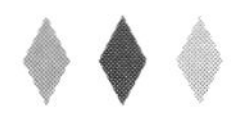

이웃과 더불어

41. 어느 남자의 사랑

약하면서 달콤한 사랑에 빠져 연애를 하던 청춘 남녀가 있었다. 남자는 새 보금자리로 아파트를 마련하였고, 여자는 새 집에 들어갈 세간과 혼수를 준비하겠다고 하였다. 희망에 부풀어 결혼 준비를 하고 있을 때 IMF로 여자의 아버지가 사업에 실패하여 문을 닫았으며 그 충격으로 병원에 입원하였다.

결혼을 한 달 앞두고 남자는 여자의 손을 꼭 잡고 아픈 고백을 했다. 자기가 보여주었던 새 아파트는 자기 것이 아니라는 것이었다. 여자도 자기 집이 엉망이 되었으니 혼수 세간 마련도 어쩔 수 없는 형편이라 어쩔 수 없이 꿈을 줄일 수밖에 없었다. 그리하여 조촐하게 혼례를 지내고 단칸방 셋집에 신혼살림을 차렸다.

그런데 남자의 월급이 결혼 전에 이야기한 것과는 달리 너무도 적았다. 그래도 여자는 달콤한 신혼 재미에 기쁘게 살았다. 친정아버지도 건강을 되찾고 다시 사업을 하게 되었고 경제도 풀리기 시작하여 사업도 잘되어 가고 있었다.

친정집이 어려웠을 때는 그저 현재에 감사하였는데 친정형편이 좋아지면서 여자는 자기의 초라한 모습이 보이기 시작했다. 결혼 전에 들려주었던 아파트와 월급에 대한 남편의 거짓말이 상처로 되살아나 가슴이 아팠고 그렇게 사랑스러웠던 남편이 미워지기 시작했다.

결국 여자는 그 속상한 마음을 친정어머니께 털어 놓았다. 희망과 기쁨과 꿈을 접고 살아온 슬픔이 눈물로 방울지어 떨어지는 것이었다. 딸의 이야기를 들은 친정어머니의 눈에서도 눈물이 흘러내리는 것이었다. 이야기를 듣고 난 친정어머니는 가슴속에 숨겨두었던 비밀을 이야기해 주었다.

"사실은 사위가 아무에게도 말하지 말라고 했는데 이제는 털어 놓아야겠구나. 혼수 해올 형편이 못되는 너의 마음이 상할까봐 사위가 아파트를 팔아 네 아버지의 빚을 갚는데 보태어 주었고, 매달 월급에서 아버지의 병원비를 대주었으니 그럴 수밖에……." 두 모녀는 꼭 껴안고 감동의 눈물로 얼굴을 부비고 있었다. 실망의 눈물이 감격과 감사의 눈물로 바뀐 것이었다.

미웠던 마음이 사라지고 처음의 마음으로 되돌아간 것이었다. 하찮은 일로 이혼과 가정의 해체가 흔한 오늘날 어떻게 참고, 견디고, 이겨 나가야 할까, 한번 생각해 볼 이야기이다.

42. 부부 생활 한담

아웅다웅하며 살아가는 것이 세상사는 모습인 것 같다.

총각 처녀시절에 "너 아니면 죽겠다."고 쫓아다니며 애태우다가 결혼하여 새살림을 시작한다. 꿈같이 달콤하고 깨가 쏟아지는 것 같은 재미난 삶에 세월 가는 것이 아까운 때다. 그러나 시일이 지남에 따라 사랑은 점점 퇴색해가고 세파에 시달리다 보면 내외간에 서로 단점이 드러나 보이기 시작하면서 미워하고 티격태격하 싸우게 된다. 그것이 심하면 이혼으로 갈라서는 수도 있다.

사람이 사랑에 빠지게 되면 사랑 앞에는 눈먼 소경이 되고 귀머거리가 되기 마련이다. 상대방의 모습이 좋게만 보이고 상대방의 모든 언행이 옳게만 보이는 것이다. 그러나 가까이 지내고 함께 살다보면 단점이 한둘 드러나 보이게 된다. 그래서 상대방이 못마땅하고 싫어지고 불평불만이 생기기도 한다.

서로 존경하고 아끼면서 해로하다가 일생을 마치는 부부는 참으로 행복한 부부며 요즈음 그러한 부부는 많지 않은 것 같다. 요즈음 젊은이들은 옛날 사람들과 달라 사랑에 쉽게 뜨겁고 쉽게 식어지는 것 같다. 또 타산적이고 이기적인 면이 강한 사람도 있다.

시골에 가면 뙤약볕에 그을은 검은 얼굴과 억센 손마디와 움푹움푹 파인 주름살에 누구도 원망함이 없이 농사를 천직으로 알고 평생을 살아온 노인 부부들을 볼 수 있다. 낮에는 밭에 나가 씨 뿌리고 김매고 가꾸어 곡식을 거두고, 밤에는 모닥불 피워놓고 모기를 쫓으며 산새소리에 서로 손을 잡고 평안히 잠드는 촌로들, 어려움을 함께하면서 땀을 씻어주고 서로 부채질해 주며 등을 긁어주고 살아온 순박한 농부들이다. 이웃의 기쁜 일이나 슬픈 일도 함께 나누며 살아온 이들이다.

도시에 오면 투기하고 사기 치며 양심을 속이고 부정한 방법으로 돈을 모아 향락에 빠져 흔전만전 쓰며 살아가는 사람도 있다.

내외간에 일생을 큰 소리 한번 내지 않고 서로 충고하고 격려하며 의견이 다를 때에는 서로 타협하고 양보하며, 서로 아끼고 존중하며 일생을 살아가는 사람도 많다. 또 날마다 울고불고 때리고 싸우면서 편할 날이 없이 살아가는 가정도 있다.

결혼에 대한 프랑스 유머에 다음과 같은 말이 있다.

배우들은 결혼을 희비극이라 했고, 상인들은 위험한 투기라 했다. 군인들은 30년 전쟁이라 했고, 의사들은 열병으로 고열이지만 곧 내려간다고 했다. 음악가들은 합창이지만 소프라노와 알토가 강하다고 했고, 기상통보관은 갠 후 흐림인데 때때로 천둥 번개가 친다고 했다. 철학자들은 의문사라 했고, 복덕방은 장기 계약이라 했다. 한번 깊이 생각해 볼 만한 말이다.

사람이 죽었다가 만약 인간으로 다시 태어난다면 당신은 지금의 배우자와 또 다시 결혼하겠는가? 라고 묻는다면 또 다시 만나서 살겠다고 하는 사람도 있겠지만 아마도 더 이상적인 배우자를 찾아서 멋진 삶을 살겠다는 응답이 많을지도 모른다. 사람들은 흔히 자기의 단점이나 부족함이 있는데도 불구하고 남의 단점만 캐고 새로운 것, 더 좋은 것을 이상으로 추구하기 때문이다.

다시 인간으로 태어난 후 새로운 사람과 결혼하여 산다고 가정해보자. 과연 이 배우자와의 삶에서는 만족할 것인가? 아마 그렇기는 어려우리라 생각된다. 이 또한 만족하지 않을 것 같다. 인간에게는 누구나 장단점이 각각 있기 때문이다. 사람은 누구나 생각이 다르고 차이가 있는데도 불구하고 흔히 내가 그의 뜻에 맞추려고 하지 않고 양보나 수용 없이 대부분 나의 뜻에 따라주기를 바라기 때문이리라.

두 번째 살다가 죽은 후 다시 세 번째 인생으로 태어났다고 해보자. 그 때는 또 어떤 배우자를 택할 것인가? 아마도 또 새로운 배우자를 고를지도 모른다. 이와 같이 사람이 죽은 후에도 계속해서 다시 사람으로 태어난다면 급기야는 어떻게 될까? 여러 사람과 마음대로 결혼해서 살아본 후는 사는 것이 매양 그러려니 하고 웬만하면 자기 배우자에게 불평불만 없이 이해하며 참고 살아가지 않을까 생각해 보는 것이다.

사람의 일생을 일곱 단계로 나눈 이야기가 있다. 첫 단계는 한두 살 때로 임금님이다. 가족들이 모두 떠받들기만 하기 때문이다. 둘째 단계는 네댓 살 때로 돼지다. 땅 진흙 할 것 없이 아무데나 천방지축 뛰어다니기 때문이다. 셋째 단계는 여남은 살 때로 새끼 양이다. 울고 웃고 떠들며 뛰놀기 때문이다. 넷째 단계는 이십여 세 때로 사자다. 세상 물정 모르고 겁 없이 행동하기 때문이다. 다섯째 단계는 결혼인데 결혼하면 당나귀란다. 가정이라는 무거운 짐을 져야하기 때문이다. 여섯째 단계는 중년 때로 개란다. 가족 부양을 위하여 남들에게 호의로 구걸해야하기 때문이다. 일곱째 단계는 노년으로 원숭이이다. 어린 양처럼 되지만 아무도 관심을 기울이지 않으니 원숭이 노릇밖에 하지 못하기 때문이다.

세상살이 어떤 것이라고 생각하는가? 질문을 던져본다. 그러면 대개 '그렇고 그런 거지.'라고 얼버무리고 만다. 알다시피, 생각하다시피, 그렇고 그런 것이란다. 먹고, 일하고, 땀 흘리고, 쉬고, 울고, 웃고, 노래하고, 춤추고, 뛰고, 걷고, 싸우고, 지지고 볶고 하다가 저 세상으로 가는 것이 인생살이라는 사람도 있다.

인간이 이 세상 기껏 살아봤자 백세를 넘기기 어렵고 잘 먹고 잘 살아봤자 하루 세 끼밖에 먹지 못한다. 생각하기에 따라 행복과 불행, 삶의 가치는 마음먹기에 달렸다고 하는 사람도 있다.

평소 별 일 없이 함께 살 때는 아내 또는 남편에 대한 아쉬움이나 고마움을 별로 느끼지 못하지만 병환으로 여러 날 누워있거나 병원에 입원했을 때, 또는 여행이나 공무 출장으로 여러 날 떨어져 있을 때는 남편이나 아내의 가치를 느끼게 된다. 특히 젊어서 어느 날 갑자기 사별해보라. 어린것들은 울고 싸고, 돈은 없고 해보라. 살아갈 길이 막막하고 답답하여 차라리 따라서 함께 죽고 싶으리라.

어느 노인의 이야기다. 부인이 중풍에 걸려 자리에 눕게 되었다. 반신불수가 되어 거동할 수 없게 되니 늙은 남편이 아내의 시중을 들지 않을 수 없었다. 아들 딸 며느리가 있지만 모두 직장에 나가니 매일 남편이 옆에 붙어서 보살필 수밖에 없었다. 짜증이 나고 귀찮고 어려워 미울 때가 많아 빨리 죽어 버리라고 악담을 할 때도 있지만 목숨을 임의로 끊기가 어려운 것이 인간인지라 기다릴 수밖에.

이렇게 병석에서 십여 년이 지난 후 부인이 죽었다. 부인이 병석에 있을 때는 빨리 죽기를 바랐지만 막상 죽고 나니 허전하고 외로워서 살 수가 없단다. 밖에 나갔다가 집으로 돌아올 때는 방에 누워 애원하는 눈초리로 자기를 부르는 것 같아 아랫목을 바라보지만, 그 곳은 비어있으니 한바탕 눈물을 주체할 수가 없었다. 방에 들어가야 말동무가 없으니 죽지만 말고 누워서라도 오래오래 살아 있었으면 하는 뒤늦은 바람이었다는 이야기다. 핵가족 시대가 되고 산업화 사회가 된 오늘날에는 죽을 말년까지 해로하지 않으면 고독하여 하루라도 살기 어려운 세상이 되어 버렸다.

요즈음 대체로 젊어서는 남자가 큰 소리 치지만 늙어가면서 남자가 기가 죽고 목소리가 오그라들고 있는 것 같다. 그래도 고우나 미우나 어려움을 같이하며 일생을 함께 하자고 부부의 연을 맺고 살아오지 않았는가?

인간 삶에 있어서 자기를 알아야 할 것 같다. 그러면 자기만의 아집이나 욕심을 버리게 될 것이고 남을 허용하고 너그럽게 받아들이면서 살 수 있을 것이다. 남이 나에게 해주기만 바라지 말고 내가 그를 위해 주는데서 올바른 삶을 찾아야 할 것 같다. 난들 결점이 없는 완전한 인생인가? 남이 나를 볼 때에 완전무결한 인간이라고 모두 보고 있는지?

쓸모가 없던 돌도 요즈음 조경에 건축 토목 자재로 뿐만 아니라 각종 공작물로 기구로 유용하게 사용되고 있다. 큰 돌에서 작은 모래에 이르기까지.

둥근 것, 모진 것, 큰 것, 작은 것, 모두가 성질 모양 크기에 따라 쓰이는 곳이 다르듯이 내외지간뿐만 아니라 타인과의 관계에서도 각각의 존재가치를 인정하면서 살아가야 할 것 같다. 그래서 철성 소크라테스는 '너 자신을 알라.'고 했던가?

43. 꽃동네 새동네

얼마 전의 신문 기사다. 새벽에 대천시내 천변포장마차 주변을 청소하던 충남 보령시 ○○동사무소 소속 이○○씨는 수표와 현금 65만원이 든 지갑을 주웠는데, 잃어버린 사람의 심정을 헤아리면서 이리저리 노력 끝에 주인을 찾아 돌려주었다. 이○○씨는 그 전해에도 담당구역인 대천천 하상주차장 주변을 청소하다가 이천만원이 든 지갑을 주워 전혀 망설이지 않고 주인을 찾아 준 일도 있었단다.

이씨는 동환경미화원 반장을 맡고 있어 궂은일은 물론 모든 청소 일에 솔선수범하여 동료들에게 인기가 높으며 청소를 하며 모은 폐품을 팔아 불우이웃 성금을 내고 있단다. 요즈음같이 이기주의가 판치고 사리사욕에 어두운 세상에서 신선한 바람을 불어주는 한 도막 소식이다. 돈만 있으면 무엇이든지 할 수 있고 편리하게 사는 요즈음, 적은 미화원 월급으로 어렵게 살아가면서도 돈의 유혹을 뿌리친 이 미화, "분실된 지갑을 주인에게 돌려주는 것은 당연한 것 아니냐?"며 "이런 사실이 세상에 알려져 오히려 부끄럽다."고 말했다 한다.

경제적으로 넉넉하다 하더라도 양심이 무디어 서로 믿지 못하는 사회는 결코 살기가 좋지 않은 것이다. 서로 믿지 못한다면 불신과 불의가 충만하여 마음의 평화와 행복을 찾을 수 없으며 마음의 안식처를 찾을 수 없다.

천안시 변두리에 송정이라는 마을이 있다. 이 마을은 충남에서 범죄가 없기로 이름난 마을이다. 그 마을 주민들은 지난 92년 범죄 없는 첫 마을로 선정된 이후 마을 사람들은 누가 시켜서가 아니라 스스로 선행에 앞장서 지금까지 범죄 없는 마을로 기록되고 있다. 웃어른을 공경하기를 하늘 같이하고 이웃 간에 우정을 깊이 나누며 오순도순 살아가는 이 마을에서는 이웃 간에 얼굴 붉히며 큰소리 한번 나는 일 없는 그야말로 법 없이 살아가는 농촌 전원 마을이란다. 외지에 나가 사는 젊은이들도 고향마을에 언젠가는 돌아와 살아가겠단다.

꽃동네 라면 충북 음성에서 오웅진 신부님이 세운 마을을 생각하지 않을 수 없다. 그런 시설 꽃동네가 아니라도 가정 식구들이 모두 오순도순, 직장인들이 오순도순, 마을 사람들이 서로 이해하고 사랑하며 오순도순, 사회 모든 사람들이 서로 이해하고 양보하며 오순도순, 이렇게 살아갈 때 그 가정 그 사회, 그 나라가 바로 살기 좋은 평화의 나라, 하느님의 나라가 될 것이다.

뜰아래 반짝이는 햇살같이 / 창가에 속삭이는 별빛같이
반짝이는 마음들이 모여 삽니다. / 오순도순 속삭이며 살아갑니다.

비바람이 불어도 꽃은 피듯이 / 어려움 속에서도 꿈은 있지요
웃음이 피어나는 꽃동네 새동네 / 행복이 번져가는 꽃동네 새동네

44. 쌍무지개 뜨는 언덕

"멋진 하루였어요. 여러 색깔의 예쁜 꽃들을 보았어요. 산꼭대기 눈이 불타는 것도 보고 벼랑에 장미꽃이 피어있는 것도 봤어요. 제가 무얼 갖고 왔는지 보세요."

하이디는 향내 나는 자신의 전리품을 보여 주기 위해 앞치마 끝을 벌렸다. 하지만 예쁜 꽃이 좋아서 앞치마 가득 꺾어 담아온 꽃들이 시들어 있었다. "할아버지, 무슨 일이죠? 꽃을 꺾을 때는 이렇지 않았는데." 하이디가 시무룩해 소리쳤다.

"꽃들은 앞치마 안보다 풀밭 양지 바른 곳에 있고 싶어 한단다."

"그럼 다시는 꽃을 따지는 않을래요."

하이디는 해질녘 불꽃처럼 활활 타올랐다가 장밋빛으로 변했고, 마지막에 가선 잿빛으로 사라진 눈 덮인 아름다운 산이 궁금하였다. "그 불이 어디에서 오는 거예요?" 여쭈었다.

"그건 바로 해님 때문이란다. 해님이 산들에게 잘 자라는 인사를 하는 거란다. 밤사이 자기를 잊지 말아 달라고 가장 아름다운 햇살을 보내는 거지."

할아버지 말에 감격한 하이디는 해님이 찬란한 햇살을 보내며 산에게 잘 자라는 인사를 하는 광경을 빨리 보고 싶었다. 하이디는 산들이 알록달록하게 물든 가운데 흰둥이 양이 즐겁게 뛰노는 꿈을 꾸면서 건초 침대에서 깊은 잠이 들었다.

뉴질랜드 남섬 서던 알프스산을 넘으면서 〈알프스의 소녀 하이디〉를 떠올렸다. 한국의 호남뜰처럼 한없이 넓게 펼쳐지는 600m고원, 무인 평원의 목장. 그리고 간간이 나타나는 만년 빙하 청록색의 호수, 호수 둘레의 대머리 바위산과 산꼭대기 만년설을 뒤집어쓴 백두, 산허리 오락가락하는 흰 구름, 그 아래 푸른 풀밭에 한가로이 풀을 뜯는 양떼, 소떼, 사슴떼들 참으로 낭만이 흐르는 땅이었다.

지도에서 남섬 중앙은 높은 산의 연속으로 보았는데 실제는 600m의 고원 위에 펼쳐지는 대평원이었다. 우리나라의 충주댐, 대청댐보다도 더 넓은 천연호 테카포호, 푸카키호 등이 여기 저기 있고, 집도 마을도 보이지 않는 대평원과 호수에 떠돌아다니는 오리와 갈매기들이 있었다. 관광객이 먹이로 빵조각을 던지면 떼로 몰려와 꽥꽥거리며 기어 올라와 손에 쥐고 있는 빵까지 펄쩍펄쩍 뛰어 먹는, 사람을 무서워하지 않는 오리, 갈매기들이 귀엽고 사랑스러웠다.

천진난만한 아기처럼 무서움을 모르고 가까이하는 새들이 아장아장 사람을 앞질러 걸어가는 모습, 새들과 가축들과 나무들과 산야와 인간이 함께 더불어 살아가는 것을 보고 평화스러움을 느꼈다.

도시도 마찬가지로 환경을 중시하였다. 우리 한국 같으면 10여 채가 들어설 넓은 공간에 보통 2~3층 한 채를 짓고 남은 공간에는 나무와 잔디를 심으니 나무는 몇 아름씩 되며, 심은 나무도 주인 임의로 베지 못할 뿐만 아니라 가지 칠 때에도 행정 당국의 허가를 받아야 되니 얼마나 자연을 아끼는지…….

국토면적 26만8천 제곱킬로미터, 인구 350만, 인구밀도 12명 정도, 목축 양 4,000만 마리, 소 1,100만 마리, 그 넓은 들판은 우리나라라면 논밭으로 이용가치가 높겠지만 풀만 자라는 파란 목장이며, 간간이 심어놓은 높이 50m 몇 아름씩 되는 수목이 부럽지 않을 수 없다.

거리에 나서보면 차들도 천천히 보행자 우선, 서로 먼저 가라고 양보한다. 오리, 닭 한 마리라도 차도에 걸어가면 모든 차들이 정지하여 오리, 닭이 건너간 뒤에야 주행하니, 얼마나 자연을 아끼는가 알 만하다.

내가 어렸을 때 살던 곳은 산골 마을이다. 양지말, 벌뜸, 새뜸, 은행나무골, 서낭댕이 등 십여 호씩, 이십여 호씩 모여 살거나 띄엄띄엄 한두 집씩 떨어져 사는 마을이었다. 집과 집이 빽빽하게 사는 마을과 띄엄띄엄 집이 떨어져 사는 마을의 심리는 조금 다른 경향이 있음을 발견하게 된다. 사람에 따라 다르지만 대체로 빽빽한 마을의 학생들은 띄엄띄엄 사는 학생들에 비해서 경쟁심이 강하고 양보심이 적으며 전투적이고 이기심이 강하며, 따지려드는 경향이 강한 편이다.

국가와 국가 사이도 그렇다고 생각한다. 나라와 나라가 붙어있으면 자주 싸우고 빼앗고 빼앗기는 전쟁 속에서 서로 감정이 좋지 않은 것을 알 수 있다. 이웃 간에도 감정이 좋지 않은 것을 가끔 볼 수 있다. 그래서 이사할 때 이웃사촌을 골라서 간다고 했던가. 이웃사촌을 잘 만나야 살기 좋다고 했던가?

뉴질랜드는 다툴 이웃이 없다. 그래서 군대는 징병제도가 지원제로 하고 있으며, 육해공군 모두 합하여 일만 삼천 명 밖에 안 된단다. 전쟁이 없었으니 마음이 너그럽고 평화스럽다. 평화스럽고 양보가 많고,

욕심을 부리지 않고 서로 위하고 다 함께 더불어 사는 뉴질랜드 국민을 보고 부러운 생각이 든다.

우리는 어떤가? 이웃나라와 크고 작은 싸움이 얼마나 많았던가. 근래 일본의 강점 하에 핍박 속에서 얼마나 쓰라린 상처가 심했던가? 6.25 남침으로 얼마나 처절한 전쟁을 했던가? 상대를 누르기 위해서 얼마나 많은 경쟁 속에서 피땀을 흘리고 있는가? 인간사회에서 경쟁이 없을 수는 없다. 지나친 경쟁은 이기적이 될 수 있고 다툼이 따르게 마련이다. 선의의 경쟁이어야 한다. 때에 따라서는 경쟁에도 양보가 있어야 한다고 생각한다.

하느님께서는 어떠한 세상을 원하실까? 먹고 먹히는 세상이 아니다. 전쟁이 아니라 평화다. 싸움이 아니라 화해다. 경쟁보다도 서로양보와 상호 보완이다. 살상과 파괴만이 있는 전쟁만은 우리 한반도에 있어서는 안 된다. 이 세상 어디서도 없어야 한다.

뿐만 아니라 욕심으로 모든 자연도 파괴하지 말고 살려야 한다. 인간만이 아니라 동물, 식물, 그리고 자연과 더불어 친하게 살아가는 뉴질랜드가 참으로 부럽다. 하이디와 같이 곱디고운 마음, 예쁜 꽃이 향기 머금고 곱게 피는 마음, 부드러우면서 청순한 마음, 우리의 마음에 언제 쌍무지개가 뜰는지?

45. 구(口)와 설(舌)의 심화(心化)

나이가 점점 들면서부터 친구가 아쉬워진다. 특히 외롭다고 생각될 때, 괴로움을 당할 때 내 마음을 알아줄 수 있는 친구가 그리움에 떠오른다.

어렸을 때 천진난만하게 소꿉장난하던 동무, 서로 마주 앉아 다리를 사이에 뻗고 "항거리 징가리 대청거리……" 종아리를 번갈아 만지던 이웃집 여자동무, 길가에 살아 등교 길에 학교 가자고 불러 날마다 함께 같이 학교에 다니던 친구들, 오가며 뽕나무밭에 들어가 입이 시꺼멓게 오디 따먹고 버찌 따먹고 산딸기 따먹으며, 때로는 남의 참외 밭에 주인 몰래 엎드려 기어들어가 참외를 따먹다가 들켜 혼나고, 냇물 깊은 웅덩이에서 물장구 치고 수영하며 물싸움하고 놀던 친구들, 겨울에 눈 오고 얼음이 얼면 얼음지치고 썰매타고 팽이치기 경쟁하다가 얼음물에 빠져 오돌오돌 떨던 친구들, 60여년이 지나 타계도하고 멀리 헤어져 사니 그 옛날을 회상할 때마다 그리움만이 남는다.

외롭게 혼자 오래 살수록 아쉬움이 진해지는 것이 지기지우(知己之友)이리라. 잘못도 탓하지 않고 있는 그대로 받아주고 웃어넘겨주는 부담 없는 친구, 천진난만한 어린이를 좋아하는 심리가 인간 공통점이 아닐는지.

살아가는데 첫째가 가족이며 친척이지만 그에 못지않게 필요한 것이 지기지우다. 사노라면 가족에게도 친척에게도 말하지 못할 사항도 있는 것이며 친구에게도 털어놓지 못할 사정도 있는 것이다. 외로움이란 자기주변에 마음 놓고 이야기할 사람이 없는 경우다. 그래서 어떠한 고민도 털어놓을 수 있는 사람이 곁에 있으면 외로움도 해소할 수 있고 치매도 안 생겨 기쁘게 살아나갈 수 있는 것이다. 흉금을 털어놓을 수 있는 가족친지, 그리고 그러한 친구가 없으면 답답한 마음을 풀을 수 없어 치매에 걸리기도 하고 망령을 떨기도 한다.

친구를 사귀려면 거짓이나 꾸밈이 없고 진실이 있어야 한다. 정을 주고 마음을 주고 상대 간에 불편이나 괴로움을 주지 않고 관용과 이해를 넓혀야 한다. 경우나 사람에 따라서는 할 일도 있고 안 할 일도 있고 안 할 말도 있지만 사람을 대함에 있어서는 라포르가 형성 되어야 한다. 라포르가 형성되어야만 마음이 열린다.

입이 무거운 것은 장점이다. 연산군 때 '신언패(愼言牌)'에 〈구시화지문(口是禍之門) 설시참신도(舌是斬身刀) 설장구심중(舌藏口深中)〉이 쓰여 있었다. 즉 입은 화의 문이요 혀는 목을 베는 칼이다. 그래서 혀가 튀어 나오지 못하도록 입속에 깊이 가두어 두라 했다. 말을 지극히 삼가라는 뜻이다.

어떠한 사정도 통할 수 있고 숨김없이 털어 놓을 수 있으며 어떠한 부끄러움이나 약점도 이해해주며 수용해 줄 때 진정 우정이 생기고 통하는 지기지우가 된다.

46. 소의 해를 맞이하여

산골의 외딴집에 사는 소였다. 집주인이 외출하여 빈집에 어미 소와 갓 나은 송아지는 주인이 돌아와 밥 주기만을 기다리고 있었다.

이때 산속에서 먹이를 찾아 헤매던 호랑이는 마침 외딴 이 집을 지나다가 소를 보니 식욕이 동하였다. 어미 소는 호랑이에게 잡혀 죽을 판이니 어찌하랴. 호랑이는 잡아먹으려고 덤벼들었으나 어미 소는 송아지를 배아래 세우고 네발로 버티면서 덤벼드는 호랑이를 뾰족한 뿔로 들이받아 내박치기를 계속하니 사투현장이다. 새끼를 빼앗기지 않으려고 필사적으로 박치니 호랑이도 나가 떨어졌다가 날카로운 발과 이빨로 덤비고 또 덤비고 하니 그야말로 피투성이 육박전 혈투였다. 그때 주인이 다다라 호랑이가 도망가 우호전은 끝났다.

그로부터 그 주인은 팔지 않고 오래 오래 논밭갈이, 짐 나르기를 시키며 같이 살다가 수명 다하니 자연사하였다. 소주인은 이 충성스러운 소를 뒷산에 쇠 무덤을 정성껏 써 주었다. 옛날부터 전해 내려오는 말 무덤은 있지만 쇠 무덤은 극히 드문 이야기이다. 사람들이 쇠고기는 즐겨 먹어 죽기 전에 미리 처분하기 때문이리라.

나도 어렸을 때 시골농촌에서 살았기 때문에 소에 대해서 안다. 그

시절 학교에서 돌아오면 산야에 나가 꼴망태에 꼴 베어 짊어지고 집에 와 쇠먹이를 주고 또 소를 풀밭으로 끌고 다니며 풀 뜯기기를 매일 하였다.

겨울에는 소위 여물이라 하여 잘게 썬 볏짚과 건초 그리고 말린 콩잎, 콩깍지, 팥깍지, 고구마 덩굴, 무잎, 배춧잎 시래기 등을 쌀겨와 함께 가마솥에 삶아서 아침저녁 뜨끈뜨끈히 먹였던 기억이 새롭다.

지금부터 60여 년 전 내가 어렸을 때 당시 농가에서는 큰 어미 소 한 마리만 있어도 그 소가 그 집의 재산이라서 애지중지 자랑스럽게 길렀다. 봄에 농사가 시작되면 소 힘이 아니면 논밭갈이를 할 수 없으니 소의 존재 가치가 높았다. 당시 경운기나 트랙터가 없으니 힘이 센 소가 끄는 쟁기나 극젱이가 아니면 땅을 일굴 수 없었으며 짐 운반도 등짐이 아니면 여러 사람이 힘을 모아 목도나 우마차를 이용하는 방법밖에는 없었으니 소의 역할이 얼마나 컸는지, '소는 농가의 조상'이라는 옛말을 떠올려 본다. 또, 육식은 귀하여 집에서 닭이나 토끼 몇 마리 기르지 않으면 먹기가 어려웠다. 돼지, 소는 큰 부동산에 속하여 마을에서 협동하여 공동으로 부담하여 잡아서 나누니 일년에 한두 번 설, 추석 때에나 맛을 볼 수가 있었다. 요즈음은 경제발전과 상업의 발달, 생활의 향상으로 언제 어디서나 먹고 싶은 대로 사 먹지만 육칠십 년대는 그렇지 못하였으니 격세지감이다.

소는 인간과 가장 친근한 가축이었으며 가장 애환이 깃든 짐승이다. 소를 옛날 시장에 나가 팔려고 끌고 갈 때는 그 짐승이 어찌 아는지 눈물을 흘리는 것을 보았다. 새끼 송아지를 팔 때는 어미와 함께 끌고 가야 됐으며 팔려 헤어질 때는 떨어지지 않으려고 "음매 음매" 소리치며 발버둥치는 모습은 차마 말로 표현하기 어렵다.

팔려간 송아지는 새집 외양간에 잘못 매어져 목사리가 풀어져 어미 곁으로 찾아간 일도 있었다. 새끼를 잃은 어미 소나 어미와 헤어진 새끼소는 며칠 동안 밤낮없이 소리치며 눈물 흘리는 모습에서 소의 모정을 느끼게 된다. 다른 짐승에게서는 눈물을 보지 못한 일이다.

소는 사람의 힘으로는 할 수 없는 일을 힘으로 해줄 뿐만 아니라 가장 맛좋고 영양 많은 고기를 제공하고 꼬리곰탕, 우족탕 그리고 강장제로 쓸개에서 만들어내는 우황(우황청심환의 재료)을 준다. 젖소는 우유, 가죽을 줄 뿐만 아니라 유기질 거름으로 분뇨를 제공하니 우리에게 얼마나 고마운 동물인가?

두 마리의 소로 밭을 가는 농부를 보고 지나던 황희 정승이 "어떤 소가 일을 더 잘합니까?" 하고 물으니 농부는 황 정승의 앞으로 가 귓속말로 "오른쪽 소가 더 잘합니다." 대답하더란다. 황 정승이 왜 큰소리로 대답하지 아니하고 귓속말로 하느냐고 물으니 농부는 또 귓속말로 "비록 보잘 것 없는 짐승이지만 왼쪽 소가 들으면 섭섭해 할 것이기 때문입니다." 이는 경부지교(耕夫之敎)라는 만고 청백리이며 치세능신이신 황희 정승의 일화 한 도막이다.

내가 어렸을 때 5,60년 대 모내기 할 때는 4, 5, 6월 봄철 내내 소는 쉴 사이 없이 논밭갈이에 혹사를 당했다. 땀을 흘리고 입에서 흰 거품을 질질 흘리며 힘겹게 푹푹 빠지는 물 논에서 헉헉 쟁기를 끄는 모습을 보면 소가 가여운 생각이 들었다. 내가 소로 태어나지 않은 것이 얼마나 다행인가 생각도 해보았다. 과로로 소화 불량이 되어 설사를 계속하고 쇠죽마저 조금밖에 못 먹는 경우도 있었다.

그 당시는 대부분 가난으로 집집마다 소를 기르지 못하고 일 잘하는 농우는 십여 호 중에 한두 마리 있을 정도였으며 농우가 없는 농가는 소 이용 대가로 품삯을 소 하루에 하루나 이틀의 일품을 해주었던 기억이 난다. 또한 농우의 주인은 소를 혹사시키지 않으려고 이틀 일하고 하루 쉬는 2일제 또는 3일제를 하기도 했으니 조상들이 소를 아꼈던 마음도, 소 애호심도 알 만한 일이 아니겠는가?

요즈음 우리나라는 FTA협상에 대하여 갑론을박 논쟁이 치열하다. 쇠고기 먹거리도 좋지만 인간에게 닥쳐올 국민 건강 긴 안목이 필요하며 불량식품, 불량사료, 약품사육, 깊이 고찰하고 육식과용으로 발생하는 건강상의 역기능도 묵과할 일이 아니라고 생각된다.

성격적으로 소는 느긋하여 조급함이 없고 서두르지 아니하며 뚜벅뚜벅 걸어가지만 힘과 인내와 끈기로 천리를 갈 수 있다하여 우보천리(牛步千里)란 말도 있다. 속담에 십이우덕(十二牛德)이라 하여 소는 '말이 없어도 열두 가지 덕'이 있다고 했다. 우리나라의 정치인들과 기업인 그리고, 사회의 지도자들이 소처럼 듬직하고 말없이 일하고 소처럼 남에게 베풀며 소처럼 모정이 강하고 소와 같이 인내와 끈기로 다시 태어났으면 하는 희망이다.

소해를 맞아 소님(牛公)에게 감사와 찬미를 드리고 싶어 스스로 우공 마음으로 자찬우공부(自讚牛公賦)를 지어 부른다.

자찬우공부(自讚牛公賦)

가도 가도 끝이 없고
가도 가도 다함없는
목에 멘 멍에
인간이시어 아시는가, 자기 멍에를

해는 서녘으로
종종걸음 떨어지오만
내 갈 길은 끝이 안 뵈오이다.

애끓는 자식 멀리 보내고
돌아서는 슬픔이 애간장 녹이고
밤샘으로 지새운 지난날들
아들이여, 딸이여
나와 함께 삶을
바랬건마는
오! 아! 이제는 그런대로 살아가지어라.

어떠해도
나는 힘찬 발로 뚜벅뚜벅
어떠해도
말 안고 가슴에 묻으며
어떠해도
뼈를 깎는 인내로
내 몸까지 송두리째 앗아가도
쉼 없는 발걸음으로
가는 날까지
뚜벅뚜벅
십이우덕 우보천리(牛步千里)
가오리다.

47. 도시락 친구

지금부터 20여 년 전의 일이다. 당시는 학교 급식도 없어서 도시락을 싸가지고 다녀 점심시간에는 교실에서 먹었다. 가난한 학생들은 도시락도 없어서 점심을 굶는 일이 있었다. 성만이 친구가 며칠 전부터 점심시간에 인식이가 슬그머니 일어나서 나가는 것을 보았다. 저 아이가 왜 점심을 먹지 않고 나갈까 생각한 성만이는 옆 짝꿍 성칠에게 물어 보았다.

"인식이가 왜 점심을 먹지 않고 나가니?"

"걔 아버지가 실직하고 공사판에 나가서 일하다가 다쳤대."

"그래?"

성만이는 깜짝 놀라 달려 나가 인식이를 붙잡고 교실로 들어 왔다. 그리고는 도시락 뚜껑을 들고 다니면서 반 아이들에게서 밥과 반찬을 한 숟가락씩 덜어서 넣도록 하니 금시 잔뜩 걷혔다. 걷은 것은 자기가 먹기로 하고 자기 도시락을 주니 맛있게 먹어 치웠다.

이튿날 성만이는 엄마에게

"오늘부터 도시락 두 개를 싸주세요."

"아니 왜?"

"우리 반에 점심을 싸가지고 오지 못하는 아이가 있어요."

"오, 그래? 알았다."

성만이는 두 개 싸가지고 가서 인식이의 책가방 속에 한 개를 넣어주었다. 성만이 어머니는 아들의 생각이 너무 기특해서 도시락을 더욱 정성스럽게 싸주는 것이었다. 인식이는 성만이에게 "고마워!" 말하면서 눈물이 방울방울 떨어지는 것이었다.

"너희 아버지가 돈을 벌지 못하는구나."

"아버지가 IMF로 실직하시고 공사판에 나가시다가 다리를 다치셨어. 엄마는 돈벌이 나간다고 나가셔서 돌아오지 않고……."

인식의 방울방울 맺힌 눈물을 보고 성만과 인식은 얼굴을 부비면서 한 덩어리가 되어 어깨를 들썩였다. 성만이는 학교가 끝나고 인식의 집에 가보았다. 찾아가서 보고 학급회의를 열어서 치료비라도 조금 마련하기 위해서였다.

인식의 집에 다녀온 성만은 그 이튿날 학급회를 열도록 하여 인식이 돕기에 앞장섰다. 학급 친구들은 앞 다투어 용돈을 털어 모금하여 주었고 서로 도시락을 싸온다고 하여 돌려가며 싸오기로 하였다.

인식이는 친구들이 한없이 고마웠다.

'학급 친구들이 너무나 고맙구나. 특히 성만이가 고맙구나. 내가 훌륭한 사람이 되고, 커서 돈을 벌어서 이 은혜를 꼭 갚아야겠다. 그리고 나도 하루 빨리 남을 돕는 사람이 되기 위해서 노력하고 어른이 되거든 불쌍한 사람들을 위해서 좋은 일을 하고야 말리라.'

굳게 마음먹었다. 어깨를 나란히 교문을 나서는 성만이와 인식이에게 봄볕이 따스하게 비춰 주었다.

우리의 아들딸들이 성만이처럼 자란다면 얼마나 좋을까? 자식을 키우는 행복을 어디에서 찾아야하는지? 요즈음 전에 없이 많은 교우들 이 아이들의 손을 잡고 성당에 나오는 모습을 보면서 그들을 위해서 기도하면서.

48. 장님과 절름발이

어느 나라에 굉장한 부자가 살고 있었다. 그 부자의 정원에는 맛있는 열매가 열린 과일나무가 있었다. 향이 좋고 빛깔이 좋아 얼마나 먹음직스러운지 보는 사람들이 군침을 꿀꺽꿀꺽 삼켰다. 그 부자는 누군가 과일을 따먹을까 걱정이 되어 한시도 마음이 편하지 않아서 과일나무를 지키는 경비원을 고용하기로 하였다. 그러면서 경비원조차도 과일을 따먹지 않을까 마음을 놓을 수가 없었다.

많은 고심 끝에 절름발이와 장님을 고용했다. '절름발이와 장님이라면 절대로 과일을 따 먹을 수 없을 거야.' 그 부자는 매우 만족스러운 마음으로…….

며칠 동안 절름발이와 장님은 그 과일나무를 잘 지켰다. 그러나 그들도 참지 못하고 결국은 과일을 따먹기로 해서 먼저 절름발이가 장님의 어깨에 무동을 타고 절름발이는 과일이 있는 곳으로 장님을 이끌었다. 이렇게 해서 그 둘은 맛있는 과일을 실컷 따먹을 수 있었다.

후에 그 부자가 과일의 수가 적어진 것을 알고 장님과 절름발이를 추궁했으나 모르겠다고 쭉 뻗는 것이었다. 그래서 "너희들이 따먹은 것이 아니냐?"고 추궁했으나 장님은 보지 못하니 소용없는 일이요 절름발이는 나무에 오르지 못하니 어떻게 따 먹을 수 있겠느냐고 말하는 것이었다. 그래서 추궁은 아무소용이 없었다. 탈무드에 나오는 이야기다.

절름발이와 장님이 주인의 과일을 따먹는 것은 옳은 일이라 할 수는 없지만 이 이야기에서 말하고자 하는 것은 여럿이 서로 힘을 합치면 무엇이든지 해낼 수 있다는 이야기이다. 절름발이나 장님이 각각 과일을 따먹으려 했으면 도저히 못 따지만 둘이 힘을 합쳐 절름발이가 장님의 어깨에 무등을 탔기 때문에 과일을 따먹을 수 있었다.

여럿이 지혜를 모으면 아주 훌륭한 아이디어(구상)가 나오고 여럿이 힘을 모으면 산이라도 옮길 수 있는 힘이 나올 수 있는 것이다. 그래서 우리는 될 수 있는 대로 여럿의 의견을 들어보는 것이고 여럿이 상의해서 일을 해 나가는 것이다. 분단학습이나 그룹을 지어 무슨 일을 할 때 아주 좋은 생각이나 훌륭한 해결 방법을 발견하여 잘 해결해 나가는 것을 나는 교직에 있을 때 경험했다.

자기 혼자 잘났다고 뽐내고 제멋대로 해서는 잘 안 된다. 창의성이나 새로운 생각은 사람마다 독특한 면이 있다. '지렁이도 담 넘어갈 재주가 있다.'는 속담이 있다. 모래가 하나하나 흩어져서는 아무것도 이룰 수 없다. 그러나 시멘트와 뭉쳐지면 높은 건물도 이룰 수 있고 다리도 놓을 수 있고 댐도 막을 수 있는 것이다.

우리는 남의 의견이나 인격을 존중할 뿐만 아니라 못난 사람이라 하더라도 의견을 들어보고 지혜를 짜내어 힘을 합치면 잘되지 않겠는가?

49. 젊은이의 내일은?

요즈음의 노인들은 일찍이 어른들을 모시고 대개 시골에서 농사를 지으면서 어렵게 살아온 사람들이 많다. 잘 먹지도 못하고 쉬거나 놀지도 못하고 밤을 낮 삼아 구슬땀을 흘리면서 추우나 더우나 비가 오나 눈이 오나 일하면서 어렵게 살아왔다. 부모에게 효도하고 조상을 섬기는 일을 제일 중요한 일로 여기면서.

오늘날 대부분 그들이 받는 대접은 소홀하고 초라한 점이 많다고 생각한다. 젊었을 때에는 어른 밑에서 숨소리 한 번 크게 내지 못하였고 지금 늙어서는 이 아들 저 아들 눈치 보면서 떠돌아야하고 하다 못하여 아파트에서 뛰어내려 자살하는 일까지 생기고 있으니 참으로 안타까운 일이다.

자식이 배부르고 따뜻한가를 묻고 늘 살펴오면서 자기의 배고프고 추운 것은 마음에 두지 않고 살아 왔는데 이제 와서 편히 쉬고 여생을 즐겨야할 나이에 추위와 배고픔과 질병과 노쇠와 싸우면서 이 집 저 집 전전긍긍하는 노인들이 있으니 말이다. 특히 오늘날 노인들의 고통 중에 가장 큰 것이 외로움이다. 상대가 없으니 외로운 것이다.

혈기가 왕성한 오늘의 젊은이들은 늙고 힘없는 노인들을 이해하지 못하고 있는 것도 사실이다. 항상 젊고 항상 원기가 왕성할 줄 알고 있으나 그들 역시 머지않은 훗날 칠팔십 세가 되면 늙고 병들어 남의 도움을 받으면서 살아야 함을 미처 깨닫지 못하고 있는 것이다. 오늘의 힘없는 노인도 과거에는 패기 넘치고 혈기왕성하고 활발한 젊은이였다.

'오늘의 나' 가 '항상 오늘의 나'가 아니다. 십년, 삼십년, 오십년 후는 나도 병고에 시달려야하고, 고독에 몸부림쳐야 하고, 보이지 않아 고생해야 하고, 귀가 어두워 듣지 못해야 하고, 몸이 말을 안 들어, 가고 싶은 곳도 가지 못하게 된다. 오늘 내가 젊고 힘 있다고 해서 어찌 노인들을 천대할 것인가?

오늘의 노인은 젊은이의 미래다. 내가 강할 때는 약했을 경우를 생각해야하고 내가 권력을 쥐었을 때는 권력에 억눌릴 때를 생각해야 하고 부자가 되었을 때는 가난했을 경우를 생각해야 한다. 대통령이, 장관이, 재벌이 법정에서서 재판을 받는다면 그 심정은 어떻겠는가? 모든 권력을 한 손에 쥐고 천하를 호령하던 대통령이 임기가 끝나자 국회의원들에게 혼나고 법관 앞에서 엄벌을 받아야 한다면 그의 인생은 어떻겠는가? 부귀도, 권력도, 영화도, 건강도, 힘도 이슬처럼 왔다가 이슬처럼 사라지게 마련이다.

공경이란 공손한 마음으로 상대방을 편안하게 받드는 것을 말한다. 옛날 우리 조상들은 공경하는 마음가짐을 무척 중요하게 생각했다. 임금을 공경하고 어버이를 공경하며 윗사람을 공경하고 형제를 공경하며 친구를 공경하고 이웃을 공경하며 살아왔다. 공경은 이처럼 누구에게나 할 수 있는 것이다. 심지어 자기보다 어리고 낮은 사람까지도 공경할 수 있어야한다.

이 세상 사람들이 서로 공경한다면 싸움도 없을 것이고 시기하거나 미워하는 마음도 없어질 것이다. 자신을 낮추고 남을 공경한다는 것은 참으로 아름다운 것이다.

"남이 너희에게 해주기를 바라는 그대로 너희도 남에게 해주어라." (루카 6:31)

50. 초막집을 세 번 방문하다

중국 삼국시대 유비는 덕이 높기로 이름났었다. 서기 208년 조조가 대군을 이끌고 쳐들어오자 유비는 형주를 철수하여 중국 남부지방으로 떠났다. 유비를 따라야 잘 살 수 있다고 생각한 백성들은 너나 할 것 없이 짐을 꾸려 유비를 따라나서니 그 수가 수십만 명이나 되었다. 유비는 아직 나라를 세우지는 않았으나 백성들이 임금 감으로 생각하고 존경하며 따랐던 것이다.

당시 전략가로 이름난 제갈량이 있었다. 유비는 의형제를 맺은 관우와 장비를 데리고 초막집에 살고 있는 제갈량을 찾아갔다. 그러나 제갈량은 집에 없었고 조그만 소년이 있어서 유비라는 사람이 다시 찾아오겠다고 전하라고 일러두고 돌아왔다. 그 뒤 유비는 다시 찾아갔으나 또 집에 없었다.

그래서 유비는 다시 찾아오겠다고 말씀드리도록 하고 돌아서니 성미가 급한 장비는 투덜거렸다. "군대를 풀어 제갈량인가 뭔가 하는 놈을 붙잡아오면 될 것 아닙니까?" "무슨 소리를 하느냐? 존경할 만한 분을 그렇게 대접해서야 쓰겠느냐?" 꾸짖었다.

세 번째로 유비 삼형제가 찾아갔을 때 제갈량은 자고 있었다. 유비는 제갈량을 깨우지 아니하고 마루에 단정히 앉아 잠이 깨기만을 기다렸다. 장비는 집밖에서 화를 내었다. "관우 형님, 제갈량이란 놈이 대체 어떤 놈이길래 한성의 성주인 유비형님이 찾아왔는데도 낮잠만 잡니까? 불을 확 질러 버리겠습니다." "나도 화가 나지만 유비형님의 체면 때문에 가만히 있는 것일세." 관우가 말하였다.

장비가 한참 떠들고 있을 때 제갈량이 잠에서 깨어 유비를 맞았다. "저의 스승님이 되어주십시오." 유비는 공손히 청했다. 그로부터 제갈량은 유비를 도와 전략을 잘 세워 전쟁 때마다 이겼다. 유비가 제갈량을 진심으로 존경했기 때문에 제갈량이 나서준 것이다.

이렇게 제갈량이라는 인재를 얻기 위해 지위를 생각하지 아니하고 세 번이나 누추한 초막집에 찾아갔다고 해서 삼고초려(三顧草廬)라 하는 고사가 생겼다. 그리하여 유비는 많은 땅을 차지하고 촉한을 세우고 황제가 되었다. 남을 존경할 줄 알아야 존경을 받는 것이고, 또 존경을 받을 만한 일을 해야 존경을 받는 것이라 생각한다.

교만한 사람은 결코 남으로부터 존경을 받지 못한다. 교만한 사람에게는 사람이 따르지 않는다. 겸손에는 사랑이 전제다. 희생정신도 따른다. 윗사람은 아랫사람을 진심으로 사랑해야 존경을 받는다. 지도자는 거느린 사람들을 아껴야 한다. 비난받는 정치가, 비난받는 상관, 비난받는 지도자들은 이것을 마음깊이 깨닫지 못하기 때문이다. 요즈음 나라와 세태가 어지러운 것은 어디에서 연유하는가, 숙고해 볼 일이다

51. 고래도 춤춘다는데

요즈음 산에 숲이 우거져 멧돼지, 고라니가 많이 번식하여 먹이 찾아 농촌 마을에는 물론 대도시 한복판까지 내려와 소동을 벌이는 일이 뉴스에 심심찮게 등장한다.

산속에서 제멋대로 자라서 사람을 위협하는 멧돼지, 천방지축 날뛰는 멧돼지, 어찌 다스리랴마는 결국 총탄에 쓰러지고야 일이 끝이 난다. 나는 멧돼지가 아닌, 집에서 기르는 집돼지 사건을 떠 올려 보련다.

지금부터 15년 전 당진에서 있었던 일로 어느 농가의 돼지가 대로로 뛰쳐나와 도로가 한 시간 막힌 일이 있었다. 주인은 돼지를 길에서 몰아내어 우리에 가두려고 갖은 애를 다 썼지만 주인의 마음을 알 리 없는 돼지는 대로 한복판에서 제멋대로 이리 갔다 저리 갔다 주인과 씨름하는 것이었다.

소리치고 몽둥이로 때리고 가로막고 밀고 여럿이서 몰아도 대로상에서 나가기는커녕 꽥꽥 비명을 지르며 훤한 길로만 왔다 갔다 한 시간 가량 그러니 차량이 오지도 가지도 못하고 양편에 끝없이 줄지어 서 있을 수밖에 없었다.

돼지와 씨름하다 지칠 대로 지친 농부는 윽박질러서는 안 되겠다고 생각하고 때리던 몽둥이를 사랑의 긁개로 등과 머리를 긁어주기 시작했다. 그 후부터 시원하게 느낀 돼지는 주인이 먹이로 인도하는 대로 우리로 들어가 한 시간의 돼지 소동이 막을 내렸다.

한 시간 동안 밀리는 차량 속에 사람의 말을 듣지 않는 돼지가 제멋대로 노상에서 뛰어다니던 상황에서 주인은 얼마나 애먹었을까? 천방지축 돼지를 굴복시킨 것은 무엇인가?

그것은 힘도 아니었다. 매도 아니었다. 사랑으로 긁어주고 시원하게 쓰다듬어주고 먹이를 주는 달램이었다. 그렇게 하지 않고 힘과 매로 끝까지 하려고 했다면 어떻게 되었을까? 사랑과 부드러움이 얼마나 위대한 힘을 발휘하는지 생각해 보게 하는 이야기이다.

힘 있는 사람은 흔히 그 힘으로 모든 것을 해결하려고 한다. 오늘날 정치인, 권력층, 재산가, 기업인들이 흔히 하는 일이다. 법과 인권과 원칙이 어디로 날아갔는지 한심하다. 자기의 권력, 재력, 또는 인력을 동원하여 몰아붙이며 밀고나가는 사람들 말이다.

가정에서나 사회에서나 국가나 공공기관에서도 힘만으로 해결해 나가려고 하지 말고 역지사지(易地思之)하여 통할 수 있는 공통분모를 찾아 해결해 나가면 좋지 않겠는가?

수학에서 분모가 다른 분수의 덧셈과 뺄셈이나 대소를 비교할 때 해결 방법이 공통분모를 찾아서 통분해야 되는 것이다. 인권과 원칙과 법 위에서 상생(相生)의 해법을 찾아야 되지 않겠는가?

상극(相剋)은 공생(共生)하지 못하고 공멸하나 상생(相生)은 공생한다. 칭찬은 고래도 춤추게 한다. 부드럽고 온유함은 총과 칼보다 강한 것이다. 강철은 부러지지만 연철은 부러지지 않고 휘일 따름이다.

"온유한 사람은 행복하다. 그들은 땅을 차지할 것이다."(마태 5:5)

52. 인륜 도덕의 굳은 기초

삼강오륜은 유교의 세 가지 기본강령과 다섯 가지 실천적 강목으로 기본적 사회윤리를 존중하는 것이다. 삼강은 중국 한대의 동중서(董仲舒)가 춘추번로(春秋繁露)에서 강조하였고, 오륜은 맹자에 오상(五常) 또는 오전(五典)이라고도 한다.

삼강오륜은 옛날부터 동양사회를 이끌어온 정신적 도덕적 지주 역할을 해왔다. 오륜의 마지막 강목에 붕우유신(崩友有信)이라고 친구간의 신의를 강조하는 덕목인데 오늘날 사회생활에서 특히 강조되어야할 강목이라 생각한다.

우리가 사는 사회는 혼자는 살 수 없다. 우리 모두가 얽히고 설켜 서로 돕고 나누는 가운데 살기 마련이므로 관계에 있어서 가장 중요한 것이 신의다. 언제 어디서나 신의를 지키는 사람은 모든 사람이 좋아하고 환영한다. 신의를 저버리는 사람은 반대로 언제 어디서 누구에게서나 환영을 받지 못하여 삶의 빛을 잃는다.

신의는 오륜의 맨 끝이지만 삼강오륜의 가장 밑바닥의 주춧돌이라 생각한다. 군신간 부자간 부부간 친우간 이웃간 신의가 없이는 설 수 없는 것이다. 신의 위에 모든 덕행이 있다하겠다. 신의를 지키는 사람은 사업에 실패하고 일시 망해도 노력하면 재기할 수 있음을 주변에서 볼 수 있다.

이기주의, 편의주의, 물질주의, 개인주의가 사회 전반에 만연되어 있는 요즈음의 세태에서 신의가 얼마나 필요한 덕목인가 생각한다. 불신이 만연한 사회에서 진실을 찾기가 쉽지 않다. 속고 속이고 위장하고 가면 쓰고 가까운 사이에도 거짓과 속임이 있는 것을 보며 믿음의 사회가 그립지 않을 수 없다. 이익이 안 되더라도 다소 손해를 보더라도, 남보다 다소 뒤지더라도 신의를 지키고 진실을 앞세우며 남을 존중하고 만인의 이익과 편의를 배려하는 사회 풍조가 아쉽다.

거짓이 없고 불신이 없고 신의가 통하는 사회, 믿고 안심하고 살 수 있는 사회가 바로 하느님 나라가 아니겠는가. 옛날 우리 조상들은 계약서 없이도 믿고 살았으며 영수증 없이도 잘 살아왔다. 보증서도 없이 장부일언중천금이 신용사회를 이끌어온 조상들의 삶을 되살리고 싶다.

나 혼자는 소용이 없다고 생각하지 말고 "나 만이라도"하는 생각을 우리 한 사람 한 사람이 가질 때 하나가 둘, 둘이 넷, 넷이 여덟……. 확산되어 나가면 사회가 지상 천국을 이룰 수 있지 않을까 희망해 본다.

53. 민족의 영산에서

백두산에 올라 중국 쪽 2,622m의 천문봉에서 500m 아래에 있는 천지(수면 해발2,155m)를 내려다보았다. 참으로 얼마나 보고 싶었던 민족의 영산 호수였던가? 뛰어내려 풍덩 빠져 마음껏 헤엄치고 싶은 심정이나 절벽의 500m를 내려갈 수 없게 금지된 곳이어서 내려다만 보고 있을 수밖에 없었다.

준비해간 간단한 주과포로 천제를 드리려했으나 이것도 금지된 사항이라 일행 열둘이 서 무릎을 꿇고 절을 한 다음 각자의 종교 양식대로 기도를 올리고 준비해 간 고천문을 읽으며 흐느껴 울었다. 호수 둘레 13.11km 평균 수심 205m 에 총저수량 20억400만t으로 대청댐 담수량보다 5억t 이나 더 많으니 얼마나 굉장한 산상의 호수인가? 천지를 내려다보고 건너편 최고봉 2,744m 의 병사봉을 멀리서 바라보며, 언제 통일의 깃발이 그곳에 휘날릴까.

조금 지나서 마음을 가다듬고 조국통일을 위하여 기도하고 건배를 한 다음 자유로이 왕래하지 못하는 민족의 한을 푸념하면서 발길을 돌리지 않을 수 없었다.

시베리아에서 가을이면 내려오는 겨울 철새 기러기들은 한반도가 그리워 제지없이 한반도를 세로 질러 철책의 휴전선을 자유롭게 드나들건만 인간인 우리 민족들은 서로 총부리를 겨누고 통래하지 못하니 철새만도 못한 가엾은 존재가 아닌가? 천지를 둘러싸고 있는 망천후, 비류봉 차일봉 등 2,000m 이상 높이 16개의 영산 봉우리를 바라보고 68m의 비룡폭포, 달걀을 넣으면 그대로 익는 노천 온천에서 달걀과 막걸리로 한을 달래며 내려왔다. 어느 새 십년이 훨씬 지났나보다.

광야에서 40년을 목마름과 배고픔을 이겨내면서 대망의 가나안 땅에 들어온 이스라엘민족처럼 자유를 찾아, 먹을 것을 찾아, 이 나라 저 나라 이곳 저곳을 헤매며 고생끝에 자유대한 품에 안긴 새터민들을 연민의 정으로 돌아보지 않을 수 없는 것이다. 고향 친척 친지들에게 떠난단 말도 없이 와, 산 설고 물 설고 낯설고 생활방식마저 다른 우리 한국에 와서 살아나가기 힘든 세파를 헤치며 살아가는 새터민들, 우리가 친구 되고 형제 되어야 하지 않겠는가?

"이웃의 연약함을 보고 자기가 비슷한 경우에 처해 있을 때 그 이웃이 부축해 주기를 원하는 것처럼 그 이웃을 부축해주는 사람은 복됩니다. 모든 좋은 것을 주 하느님께 돌려드리는 종은 복됩니다. 실상 어떤 것이라도 자신을 위해 남겨두는 사람은 자기 주 하느님의 돈을 자기 안에 묻어두는 사람이 되며 가진 줄 알고 있는 것마저 빼앗길 것입니다."(성 프란치스코의 영적권고18)

54. 짚신과 우구(雨具)장수의 걱정

옛날에 아들 형제를 둔 노인이 있었습니다. 큰아들은 짚신장사를 하고 작은아들은 우구(비를 막는 삿갓, 도롱이)장사를 했답니다. 옛날 우리 조상들은 고무신이 없어서 볏짚으로 만든 짚신이나 나무를 파서 만든 나막신을 신고 다녔습니다.

내가 어렸을 때 해방 당시만 해도 고무신, 운동화는 부잣집이나 신고 대부분 사람들은 볏짚으로 엮어서 만든 짚신을 상용했으며 비가 오면 띠풀로 엮은 도롱이나 대나무를 쪼개어 엮은 삿갓을 썼습니다. 생활용품이 취약했습니다.

겨울이면 일 년 동안 신어야 할 짚신을 삼아서(만들어서) 수십 켤레 만들어 놓았습니다. 시장에서 팔고 사고 했습니다. 비가 오면 도롱이를 두르고 삿갓을 쓰고 다니고, 그도 부족하여 비를 맞으며 다니기도 하였습니다.

이 노인은 시장에서 짚신장사를 하고 있는 아들과 우구를 파는 아들 걱정을 하면서 삽니다. 비가 오면 짚신이 안 팔리니까 걱정, 날이 개면 우구가 안 팔리니까 걱정, 그러니 이래도 걱정 저래도 걱정 구시렁대면서 살아갑니다.

이웃마을에서 사는 노인이 "왜 그리 걱정만 하는가? 비가 오면 우구가 잘 팔리니 좋고, 날이 개면 짚신이 잘 팔리니 좋지 않은가? 그러니 일 년 내내 좋으니 무슨 걱정인가?" 이 말을 들은 노인은 "내가 생각을 잘 못했군." 하면서 걱정을 떨쳐버리고 살았답니다.

근심이나 기쁨은 내 마음에 달려 있는 것이지, 걱정한다고 일이 풀리는 것이 아닙니다. 이 세상살이는 생각하기에 달려있습니다. 좋지 않은 일이 생기면 참고 기다리고 희망을 잃지 않으며 받아들입니다. 좋은 일이 생기면 기뻐하고 어려움이 닥쳐 올 때를 대비하며 살아갑니다.

신앙인은 어떠한 일에도 하느님의 뜻을 찾고 받아들이며 사랑이신 하느님, 착하신 하느님, 자비의 하느님을 믿고 순응하며 감사와 인내와 기도 속에 희망을 싣고 살아야 할 일입니다. 궂은 일이나 좋은 일이나 하느님의 뜻을 이해하고 받아들일 때 참 평화가 오고 값있는 삶이 되지 않겠는가 생각해 봅니다.

이 세상 사람들이 욕심이 너무 지나치기 때문에 행복을 모르고 심전(心戰) 속에 살아갑니다. 욕심이 없어서도 안 되겠지만 지나친 욕심은 괴로움과 불평불만을 쌓게 할 뿐입니다. 과욕은 화근이라지요. 안빈낙도(安貧樂道)…….

북녘의 굶주리고 있는 동포들을 생각하지 않을 수 없습니다. 내가 만약 북녘 땅에 태어났다면 얼마나 고생 속에 살까, 대한민국에 태어난 것만으로도 얼마나 행복스런 일인가? 하느님께 감사, 감사, 또 감사드릴 일입니다.

굶주리고 있는 북녘 동포들, 우리가 아니면 누가 도와주겠습니까? 이에 우리 '한우리'가 앞장서는 이유입니다. 요즈음 '어렵네. 가난하

네.'라고 말하지만 그래도 우리는 얼마나 잘 살고 있는가? 지구상 굶주리고 살아가는 15억인의 삶을 생각해 봅니다. 식량은 고사하고 마실 물조차 없어 목을 태우며 살아가는 사람들.

주님, 저들을 돌보아 주소서.

55. 바보 이반처럼

세계적인 문호 톨스토이가 쓴 단편 가운데 바보 이반이라는 것이 있습니다. 농부의 아들 셋이 살았습니다. 그들은 세미욘, 타라시, 이반입니다. 맏아들 세미욘은 군인이 되었고 타라시는 돈을 벌려고 장사꾼이 되었습니다. 막내인 이반은 집에서 농사를 지었습니다.

세미욘은 군인으로서 출세하여 높은 직위에 올라 귀족의 딸과 결혼을 하고 잘살았으며, 타라시는 돈을 많이 벌어 큰 부자가 되어 잘 살았습니다. 이반은 자기 몫의 재산마저 형들에게 나누어준 뒤 가난한 가운데 묵묵히 성실하게 농사일만 하였습니다. 형들은 이러한 동생을 바보라고 하였습니다.

이반은 정직하고 근면한 농부였으며 권력이나 명예에 대한 욕망도 없었으며 교만도 아첨도 없었습니다. 형들은 허욕과 사치와 교만과 이기심의 노예가 되어 호화롭게 살다가 늦게 몰락해, 동생인 이반에게 와서 먹여 살려달라고 애원하게 됩니다. 이반은 쾌히 허락하지만 한 가지 조건을 붙입니다. 그것은 일하지 않으면 안 된다는 것입니다. 일을 열심히 해야만 식탁에 앉을 수 있지만 놀기만 하는 사람은 남이 먹다 남은 찌꺼기를 나중에 먹어야 한다는 것입니다.

이것이 이 소설의 줄거리입니다. 이반의 세계는 정의와 근로와 진실이 통하는 이상적인 세계입니다. 돈과 권력과 사기가 통하지 않는 사회입니다. 이제 우리 사회도 달라져야 하겠습니다. 돈과 권력이 활개치지 않고 진실과 성실이 통하며 정직하게 일하는 사람이 대접받는 사회로 바뀌어져야 하겠습니다.

잠이 안 오는 사람에게는 밤이 길고 일을 하기 싫은 사람에게는 해가 길고 다리가 아픈 사람에게는 오리도 멀 듯이 성실하게 일을 하지 않는 사람에게는 인생이 고달프고 살기 힘든 법입니다.

성 프란치스코는 일을 하지 않는 자는 파리와 같은 인생이라고 하시면서 일을 하기 싫으면 밥을 먹지 말아야 된다고 했습니다. 밥상을 차려놓으면 제일 먼저 빨아 먹는 것이 파리지요. 노동은 참으로 신성한 것이라고 합니다. 하느님의 창조사업에 협조하는 것이지요. 여기에 성실과 근면이 있어야 합니다.

허욕과 사치와 안일을 추구하지 말고 자기 위치에서 자기보다 못한 사람을 생각하면서 정직하고 성실하게 일하며 살아갈 때 이사회는 살기 좋은 하느님 나라가 건설될 것입니다. 바보 이반처럼…….

56. 열려라 쾅쾅쾅

아들아, 보내지 못하는 편지인 줄 번연히 알면서도 오늘 엄마는 저린 가슴을 부둥켜안고 한자 두자 이 글을 쓰고 있구나. 바람 세찬 동북 땅에서 철쇄에 묶여 중국 공안에 잡혀가는 너의 마지막 모습을 본 지도 이제는 어언 5년, 짧지 않은 이 기간 엄마는 독재의 발굽 밑에 시들어갈 너를 가슴에 묻고 눈물과 한숨 속에 애간장을 졸이며 죽지 못해 살아 왔구나.

눈만 감으면 삼삼 떠오르는 뼈밖에 안 남은 너의 모습, 품에 안고 있을 땐 죽물을 우려먹어도 매일 매 시각 네 얼굴을 볼 수 있어, 그것이 그대로 웃음이 되고, 삶의 희열이 되어 사는 것이 행복이던 엄마였다. 다 큰 녀석이 밖에 나갔다가 빵 한 개라도 생기면 그걸 먹지 않고 주머니에 넣고 와서는 "자 어머니 인간답게 한번 먹어 봅시다."하고 싱글벙글 웃으면서 이 어미의 입에 넣어 줄 때, 그 한 순간에 만 시름 다 잊어버리고 행복에 겨워 빵이 아니라 사랑을 씹었단다. 엄마에게 바치는 너의 사랑은 폐허 속에서도 변함이 없었고, 이 같은 아들을 품에 안고 있는 엄마의 가슴엔 늘 행복만이 가득 찼었지.

하지만 세상은 우리 모자의 그 소박한 행복마저 지켜주지 않았다.

지척이면서도 갈 수 없고, 거리 바닥에서 굶주림에 헤매고 있을 너의 참상을 뻔히 알면서도 어쩔 수 없는 이 엄마의 안타까운 마음……. 저 하늘에 대고 그 아무리 외쳐도 알아주는 이 없고, 공허한 울부짖음만이 한을 품은 영혼처럼 내 여윈 가슴을 부둥켜안고 헤어 나올 수 없는 나락으로 자꾸만 이끌어 가는구나.(중략)

엄마는 오늘 하도 네가 그리워 정부에서 준 돈 100만원을 품에 안고 여기 통일의 다리가 있는 임진각으로 나왔다. 이산의 한을 품고는 죽어서도 눈을 감을 수 없기에 두 눈을 부릅뜬 채, 사랑하는 혈육의 영혼을 찾고 부르는 불우한 운명들의 한이 맺힌 이곳 통일의 다리에서, 이 어미도 가슴에 묻은 사랑하는 아들의 이름을 목이 메어 부르고 또 불러본다.

영이야, 너 지금 어디 있느냐? 백만 원의 이 돈을 원한 싣고 흐르는 임진강 물결 위에 두 손 모아 뿌려본다. 아무리 그런들 이 엄마의 가슴에 맺힌 한이야 어찌 풀리겠냐만 아들을 향한 이 엄마의 간절한 소원을 담아 행한 짓이니…… (중략)…… 그날까지 무사해다오. 꿋꿋이 살아다오. 희망을 안고 확실한 미래를 내다보고 사는 인생은 언제나 강한 법이다.

아들아, 너도 알겠지? 어둠은 아무리 숨 막히도록 짙고 답답해도 밝아오는 여명에 흔적조차 없이 어디론가 사라지는 그 이치를……. 엄마는 다시 한 번 너를 야윈 내 가슴에 안아본다. 그리고 그 어떤 힘도 갈라놓을 수 없는 혈육의 사랑을, 어릴 적 네 머리맡에서 부르던 자장가처럼 기쁨을 안고 시름 잊은 모습으로 조용히 불러본다. 부디 몸 조심해다오. 희망을 잃지 말아다오. 자유 민주주의 품에서 세상행복을 만끽할 통일의 그날까지.

〈고향마을 살구꽃이 피는데〉 새터민 12번 째 이야기 ○○의 아들에게 보내는 편지의 일부다. 얼마나 가슴이 맺힌 모정의 한인가? 이 사연은 ○○ 한 사람만의 사연이 아니다. 우리 모두의 한이리라. 더 덧붙여 할 말이 막힌다.

'한우리'가 할일이 무엇인가? 철새들은 남북을 자유로이 날아서 오가는데 우리는 철조망으로 막아 서신조차도 오가지 못하며 굶주림과 추위에 떨고 있을 북에 두고 온 가족들의 생각에 밥이 목에 넘어가지 못하고 가슴 태우며 잠 못 이루는 새터민들. 이것이 어찌 인간으로서의 타산지석이 아니랴? 예수님은 우리 인류 전체를 위하여 목숨까지 바쳤는데……. 우리는 한 형제로 어찌해야 한단 말인가?

그동안 그래도 대전 한 형제회에 입회하여 우리는 이를 위하여 매일 기도하고 월 모임과 미사봉헌하면서 새터민 학생들을 위하여 장학금을 마련하고 있다. 그동안 열성을 다하는 회원이 많지만 다 그렇지는 않다고 생각된다. 월회미사 참여, 기도봉헌이 매우 미약하다. 각자 여기에 얼마나 기여하고 있는지 반성해 보아야 할 일이다. 통일을 위해서 주님께 무슨 염치로 청원하겠는가? 주님의 도우심이 없이 어찌 통일이 이루어지며 어찌 행복하게 살 수 있겠는가? 한우리는 한마음이어야 한다. 좀 분발해야 할 일이다.

"이웃의 연약함을 보고 자기가 비슷한 경우에 처해 있을 때 그 이웃이 부축해 주기를 원하는 것처럼 그 이웃을 부축해주는 사람은 복됩니다. 모든 좋은 것을 주 하느님께 돌려드리는 종은 복됩니다. 실상 어떤 것이라도 자신을 위해 남겨두는 사람은 자기 주 하느님의 돈을 자기 안에 묻어두는 사람이 되며 가진 줄 알고 있는 것마저 빼앗길 것입니다."(성 프란치스코의 영적권고 18)

세계적인 어려움 속에서도 우리 한국은 과학기술, 경제, 교육, 문화, 체육, 예술 등 각 분야에서 남부럽지 않게 세계정상을 향하여 뛰고 있는 것이 사실이다. 우리 모두 발맞추어 함께 일어서고 함께 뛰어가자. 저 높은 곳을 향하여〈조국통일과 번영〉, 옆 사람을 깨우면서〈기도, 열성〉, 여러 사람의 손잡고〈회원 모집과 증원〉 영광의 내일을 염원해 보자.

"두드리라 열릴 것이다."(마태 7:7~8)

57. 지울 수 없는 얼굴

냉정한 당신이라 썼다가 지우고
얼음 같은 당신이라 썼다가 지우고
불같은 당신이라 썼다가 지우고
무심한 당신이라 썼다가 지우고
징그러운 당신이라 썼다가 지우고
아니야, 부드러운 당신이라.

따뜻한 내 생활의 요람 같은
샘솟는 기쁨 같은
아니야 아니야
사랑하고 사랑하고 사랑하는
당신이라 썼다가
이 세상 지울 수 없는 얼굴이 있음을 알았습니다.

고정희 시인의 시 「지울 수 없는 얼굴」이다. 세상살이에서 가장 가까운 사람은 내 옆에 있는 사람이다. 인간은 혼자 살 수 없는 고로 옆 사람과 더불어 살아간다. 집에서는 식구가, 마을에서는 이웃이, 직장에서는 직장의 동료가, 길에서는 옆에 같이 가는 사람이 가까운 사람이다. 사노라면 사랑보다는 미움이, 기쁨보다는 괴로움으로 다가 올 수도 있다. 그것은 관계가 맺어져 있기 때문이다.

낯모르는 사람이면 아무 관계가 없으므로 영향을 주지 않는다. 그러나 관계가 깊으면 깊을수록 희(喜)와 비(悲)가 크다. 그래서 사회보다는 이웃이, 이웃보다는 직장이, 직장보다는 가정이, 가정에서는 자식이, 자식보다는 배필이 소중하다. "이웃은 하느님의 사자(使者)다." 하느님께서 보내주신 사신이니 어떻게 해야 할까?

어떤 사람이 선을 보았는데 서로 직장이나, 가정 형편이나 가문이나, 경제적인 형편 모두가 흡족하게 생각되어 사귀기 시작했단다. 날이 갈수록 서로 신뢰가 굳어지고 사랑이 꽃피어 결혼을 하게 되었다. 즐거운 생활로 자식 낳고 1년 2년 여러 해가 지나니 서로 의견이 대립되면 다투게 되고 부부 싸움도 자주 하게 되어 다시 태어나면 저런 사람과는 결혼하지 않겠다고 작심하였다.

죽어서 인간으로 다시 태어났는데 이번에는 지난번의 결혼을 생각해서 고르고 골라서 결혼을 했다. 이제는 행복하다고 생각했는데 해가 지남에 따라 그 좋게 보여 지던 배필이 자기 마음에 들지 않는 것이었다. 이런 일을 몇 번 되풀이한 뒤에서야 첫 배필이 최고였다고 인생을 후회했단다.

내 짝은 '지울 수 없는 얼굴'이 아닌가? 사람은 대개 새 것을 좋아한다. 바꾸어 봤자 별 수 없는데. 된장도 간장도 묵은 것이 제 맛 나는 것이 아닌가? 백년 숙성시킨 양주. 오래된 고물이 문화재가 되지 않는가? "제 마음이 당신 마음에 들게 하소서."(시편 19:15)

58. 사랑의 조미료

요즈음 젊은이들 중엔 아침을 거르는 이들이 많다. 하루 두 끼 먹는 이들은 한 끼를 거르는 대신 두 끼는 곱빼기로 먹지 않을 수 없단다.

끼니마다 더운밥을 지어서 가족을 먹이는 부인이 있었다. 반찬도 끼니마다 골고루 바꿔가며 마련하여 놓으니 가족들이 "울엄마 최고야." 라고 꼬마들이 좋아한단다. 이 집 남편은 아내가 만드는 음식이 어찌 이렇게 맛이 좋을까 궁금하여 부인이 음식 요리하는 것을 뒤에서 여러 번 관찰하였단다.

여러 가지 양념을 섞어서 정성껏 만드는데 다 만들고서는 마지막으로 선반위에서 상자를 열더니 성호를 그으면서 맨손으로 한줌 집어서 반찬에다가 한 번씩 넣더란다. 그런데 손에서 떨어지는 것은 아무것도 보이지 않더라는 것이다.

그래서 부인 몰래 그 상자를 열어보니 정성이라고 쓴 종이조각 외에는 아무것도 없었단다. 남편은 "아, 바로 이것이었구나." 온갖 정성을 드려 기도하며 만드는 그 정성을 알고 아내를 부둥켜안고 "당신 너무 고맙구려." 흐느껴 울었단다.

상자 속에 무슨 특별한 조미료가 있어서 이렇게 음식이 맛있는가 했던 것이 재료에 비할 수 없는 그 정성, 그 기도에 감복한 이야기이다.

남자들은 흔히 밖으로 돌지만 부인들은 반찬거리 살 때 십 원이라도 아끼고 끼니마다 음식 걱정에 시린 손을 부비면서 같은 일을 계속하니 일상 무심히 넘길 일이 아니다. 내 입맛에 맞지 않더라도 투정하지 말고 맛있게 먹어야 하지 않겠는가? 음식 찌꺼기 남기지 말고 무엇이든지 골고루 먹자. 정성어린 이 '사랑의 조미료'가 가족의 건강과 행복을 열어주는 열쇠가 아닐는지?

"여보 고맙소."

"제 마음이 당신 마음에 들게 하소서."(시편 19:15)

59. 길을 만드는 사람

원래 길은 없었다. 다니는 사람이 많아지다 보면 그곳이 바로 길이 되는 것이다. 발명, 발견은 없었던 것이나 모르던 것을 어떤 사람이 시도하였기 때문에 열린 것이다. 맨 처음에 시도한 사람을 우리는 개척자 또는 선구자라고 한다.

처음 개척하는 사람은 남다른 노력이나 어려움이 있게 마련이다. 남이 흔히 하는 일이 아니기 때문이다. 하늘을 제비처럼 날아다닐 수 없을까 생각한 프랑스의 로지에는 1783년 10월 공기보다 가벼운 가스를 이용한 공기주머니를 타고 인간으로서는 최초로 공중을 나는데 성공했으며, 1891년 독일의 릴리엔탈은 글라이더를 만들어 공중을 나는데 성공했고, 미국의 라이트 형제는 가솔린 엔진 사용 비행기를 만들어 1903년 12월 17일 미국 키티호크에서 오빌이 조종하여 12초 동안 36m를 비행하는데 성공하여 오늘날 항공시대를 열게 되었다.

아메리카대륙을 발견한 크리스토퍼 콜롬버스는 어릴 때부터 선원이 되어 넓은 바다로 나아가는 게 꿈이었다. 콜롬부스는 자라면서 지도를 구해보고 여러 가지 항해지식을 쌓으면서 14살 때부터 배를 타기 시작하여 1492년에 스페인의 이사벨라여왕의 원조를 받아 선원 120

명을 태운 산타마리아호 등 배 3척을 이끌고 황금의 땅 인도를 향하여 서쪽으로 서쪽으로 항해해 나갔다.

당시 사람들은 지구가 둥글지 않고 네모져서 바다 끝은 낭떠러지라고 생각했다. 그러나 콜롬부스는 지구는 둥글다고 믿고 서쪽으로 가면 인도에 닿을 수 있으며, 다시 자기나라로 돌아오게 될 것이라 굳게 믿고 항해를 계속했지만 선원들의 반란과 원주민들의 습격을 받으며 만난의 고생을 겪어야 했다. 1502년 드디어 아메리카 대륙인 온두라스와 파나마를 발견했다.

발명왕 에디슨은 남달리 의문이 많아 무엇이든지 이치를 캐려했고 의문을 해결하려 해서 병아리가 어미닭이 품어서 깨어난다는 어머니의 대답에 병아리를 깨고자 헛간에서 알을 품어 보기도 했다.

남이 하지 않는 것이라도 해보려는 모험정신, 미지의 세계를 파헤쳐 보려는 개척정신이 오늘날 과학문명을 이룩해 내었고 마침내 달나라, 별나라, 넓고 넓은 우주를 향하여 뻗어나가고 있다. 미지의 세계, 열리지 않는 세계를 개척한다는 것은 여간 어려운 일이 아니다. 그것은 목숨까지도 바쳐야하는 모험이 따르기 마련이다.

서양 사람들은 개척정신이 강했다. 1607년 영국식민지 건설 이후 개척이 시작된 미국이 1776년 독립선언 이후 오늘날 세계 제일 부강한 나라가 된 것은 바로 이 개척정신에서 비롯된 것이다. 그만큼 개척정신은 그 나라를 부강하게 만드는 것이다.

우리 민족은 개척정신이 약한 편이었다.

"위험한 짓은 하지 말아라."

"그러면 못 쓴다."

"그건 안 된다"

부모나 어른들이 모험정신을 짓밟았던 것이 사실이었다. 요즈음은 "하지 말라."는 것보다는 "해 보아라." "잘 해낼 수 있을 것이다."라며 용기와 호기심을 불어 넣어 주는 사람이 많아졌다.

한편 부모들의 자녀에 대한 과보호로 꿈을 죽이고 있고 무능력자로 키우고 있으며 반면에 방임주의로 무절제하게 키워 방종과 저 하나만 생각하는 이기주의자로 만들어 윤리 도덕과 사회질서를 망치는 사례가 비일 비재함을 특히 유념해야 할일이다.

어린 시절에는 누구나 모험정신을 가지고 있다. 무한한 동심에의 꿈, 그것이 자라면 곧 모험정신, 개척정신이 되어 누구도 열지 못한 미지의 세계에 도달하게 되는 것이다. 이것은 만화나 마술사의 흉내를 내는 위험한 장난과는 다르다.

지나친 호신주의나 이기주의, 안일무사주의에서 벗어나는 용기도 키워 주어야겠다. 어떠한 처지, 어떠한 어려움 속에서도 다시 일어나는 굳센 정신과 용기, 그리고 지혜, 그리고 개척정신을 키우면서 한편으로는 물질주의, 이기주의를 떠나 이웃과 사회와 어깨를 같이하며 협력과 봉사와 조화로 함께 살아가는 사회인으로 자녀를 교육해야 하지 않겠는가?

60. 반성이 사장을 만들다니

어느 회사 사장이 수석비서를 뽑게 되었다. 이 회사에 들어가 수석비서가 되면 월급이 많을 뿐만 아니라 승진도 빠르다.

시험은 공개경쟁으로 이 회사 총각 중에서 뽑기로 했는데 큰 재벌회사다보니 우수한 많은 총각들이 응시하였다. 1차 시험에서 10명을 뽑아 2차는 직접 사장이 면접으로 최종 결정을 했다. 10명을 앉히고 눈을 감으라고 한 후 30분 후에 한사람씩 불러서 "눈을 감았을 때 무슨 생각을 했느냐?"고 물었다.

"회사를 위해 열심히 일 해야겠다." 는 사람 "정신통일을 시키는 줄 알고 아무 생각하지 않았다."는 사람, "어느 사람이 가장 마음에 드는지 살펴보려고 사장님께서 관상을 보고 있다."고 하는 사람, "떨어지면 창피해서 어떡하나 걱정했다."는 사람 "하느님께 합격되게 해달라고 기도했다."는 사람, "불교를 믿기에 불경을 염했다."는 사람, "남이장군은 남아 20살에 나라를 평정하지 못하면 사내대장부가 아니라고 했는데 저는 30살이 되도록 사장도 되지 못하고 겨우 사장님 비서가 되기 위해 많은 밤을 새워가며 공부한 것이 얼마나 부끄러운가 반성했다."는 사람 등이었다. 사장은 남이장군에 자기를 비교해보면서 반성했다는 총각을 수석비서로 뽑았다.

수석비서가 된 총각은 남보다 항상 일찍 출근해서 남이 보지 않을 때마다 눈을 감고 반성하는 습관을 길러서 조그만 잘못도 깨닫게 되어 날마다 훌륭하게 일을 해냈으며, 회사가 날로 발전해갔다.

어느 날 사장은 비서에게 사위가 되어주기를 청했고, 이 회사를 사위에게 물려주겠노라고 했다. 이 비서는 대답대신 눈을 감고 한참 생각에 잠기더니 결혼한 뒤 말단사원에서부터 다시 시작하여 차례로 계단을 밟아오게 해달라고 했다. 말단에서부터 다시 시작한 이 비서는 뒷날 사장이 되어 회사를 더욱 크게 일으켰다. 물론 출근하면 눈을 감고 명상을 하고 자신을 반성하면서…….

반성은 잘못을 스스로 깨닫고 뉘우치는 일이다. 학교에서 벌을 주는 것도 반성하게 하기 위해서요, 부모가 자식을 꾸중하는 것도 잘못을 깨닫고 뉘우치게 하기 위해서지, 미워서 그러는 게 아니다.

공자의 제자 증자는 날마다 세 가지를 반성했다. '남을 위해서 일할 때 성의를 다했는가?' '벗과 사귈 때 믿음이 없지는 않았는가?' '스승의 가르침에 대해서 소홀함은 없었는가?' 증자 같은 훌륭한 사람도 날마다 반성하고 살았다는데 하물며 보통사람인 우리는 30가지 30번도 더 반성해야 할 것 같다.

반성은 굽은 길을 바르게 고쳐준다. 반성은 인내를 낳게 한다. 반성은 교만을 지워버린다. 반성은 마음을 바르게 고쳐준다. 그래서 반성은 새사람으로 만들어 주는 것이다.

61. 자비이존인(自卑而尊人)

자기를 인정하는 것이 남이 인정하는 정도와 일치한다면 이는 참으로 성인군자리라. 이는 자기를 올바르게 지각하는 자다.

보통사람들은 자기의 단점이나 독단, 자기 위치를 흔히 깨닫지 못하고 살아간다. 그래서 자기가 옳은 양, 자기가 제일인 양, 우쭐대고, 교만한 생각과 교만한 행동을 한다. 그래서 자기 잘난 맛에 사는 게 인생이라고 했나보다. 독단에 빠져 있으면서도 말이다.

사람이 자각정도를 80% 감하여 20%정도를 잡으면 자기를 바르게 아는 것이라고 한다. 오랜 연륜을 쌓아 산전수전 다 겪고 올바로 생각하며 살아온 사람은 이것을 깨달을 수 있다.

사람들은 누구나 남으로부터 존경받고 사랑받기를 바란다. 그러나 존경받고 사랑받으려면 자기를 낮추어야 하는 것이 으뜸가는 비결이다. 교만한 사람에게는 사람이 따르지 않는다. 겸손한 자에게는 머리를 숙이고 따르나, 잘났다고 머리를 꼿꼿이 세우는 사람 앞에서는 등을 돌린다.

자신을 아는 사람은 자만할 수 없다. 자기를 지각하는 사람은 머리를 꼿꼿이 세우지 않는다. 자신을 아는 사람은 아무리 하찮은 것이라도 낮추어보지 않는다.

우리는 흔히 본인이 없는 자리에서는 자기보다 윗사람이라도 존칭을 쓰지 않고 평칭을 쓴다. 본인이 있는 자리에서는 "모모씨는 ~~~한 일이 있었다."라고 말하지만, 본인이 없는 자리에서는 존칭인 '씨'를 빼고 "모모는 ~~~한 일이 있었다."고 말한다

본인이 없는 자리에서도 XX씨 XX님 등을 붙여 쓰면 좋을 것 같다. 남을 낮추어 말한다 해서 주위의 사람들이 나를 높여주는 것이 아니지 않는가? 예기(禮記)에 "자기를 낮추면 남이 높여준다." 즉 자비이존인(自卑而尊人)이라 했다.

"누구든지 자신을 높이는 이는 낮아지고 자신을 낮추는 이는 높아질 것이다."(루카 14:11)

62. 홍부전의 재조명

홍부전은 조선 후기 민담 중 널리 알려졌던 판소리 대사를 소설화한 것으로 작자와 연대는 미상이다. 해학과 풍자가 풍부하나 과장이 지나쳐 현대의 독자로부터 비판도 다소 있지만, 그 담겨져 있는 이미지 때문에 우리 선조들에서부터 고금 우리 민족들이 애독해오고 있고, 자주 이야깃거리로 등장하는 소설임에는 이견이 없을 것이다.

현대 작가들은 이 소설을 현대인들의 구미에 맞게 약간 첨가 수정하고 있어서 다시 읽어 봄직 하다고 생각한다. 선악 2분법적 논리로 놀부는 나쁜 짓을 한 악인이라고 하고 홍부는 착한 사람이라고 규정짓기 보다는 홍부가 무능하고 안일주의자라고 생각할 수도 있는 것이다.

놀부는 욕심 많고 심술궂어서 사람에게 있는 5장6부(五臟六腑)에 심술부가 하나 더해져 5장7부가 있단다. 그래서 놀부는 싸움질 잘하고, 나쁜 짓은 골라했단다. 초상난 데 춤추기, 불붙는 집에 부채질하기, 우는 아기 똥 먹이기, 빚값에 계집 빼앗기, 아이 밴 여자 배 차기, 우물 밑에 똥 누기, 애호박에 말뚝치기, 똥 누는 놈 주저앉히기, 이 앓는 이 뺨치기…… 등이다. 동생 홍부에게 쌀 한 톨 주지 않고 내쫓고, 온갖 인정머리 없이 몹쓸 짓을 다하는 것이었다.

갖은 고생을 다하는 흥부는 부러진 제비다리를 고쳐 주고 그 제비가 물어다 준 박씨를 심어 졸지에 부자가 된다. 이것을 본 놀부는 샘이 나서 일부러 제비다리를 부러뜨려 싸매어 고쳐 주고 그 제비가 물어다 준 박씨를 심어 박을 타게 된다.

박이 벌어질 때마다 장정, 불구자, 장군들이 나와 재산 모두 빼앗아 가고 죽도록 매를 맞고 5장6부가 터져 나오는 치욕을 당한 뒤 마지막 박에서는 똥 벼락을 맞아 온 집안이 똥 바다가 되고 목숨만 남게 된다. 이때 동생 흥부가 와서 형 놀부를 위로하고 재물을 나누어주니 흥부의 어진 덕에 감동한 놀부는 전날의 잘못을 뉘우치고 개과천선하여 화목하게 산다는 흥미진진한 이야기이다.

우리나라 사람이라면 누구나 다 잘 알고 있는 이야기지만 흥미를 다시 느낄 수 있고 머리를 식힐 수도 있다. 이 사회에서 잘못하는 사람들에게 권선징악의 교훈을 주는 소설이다. 세상에 둘도 없는 악인 놀부가 과거 잘못을 회개하고 이 사회에서 우애와 신의와 양심을 지키는 새 인간으로 살아가는 것은 비록 소설이라고는 하지만 우리에게도 교훈이 되리라 생각하며 뜻있는 사람에게 일독을 권하고 싶다.

위선자(爲善者)는 천보지이덕(天報之以德)하고 행악자(行惡者)는 천보지이화(天報之以禍)니라. 착하게 사는 사람은 하늘이 덕으로 갚아주고 악하게 사는 사람은 화로 응징한다는 명심보감에 나오는 말이다.

"너희가 자기를 사랑하는 이들만 사랑한다면 무슨 인정을 받겠느냐? 죄인들도 자기를 사랑하는 이들은 사랑한다. 너희가 자기에게 잘해주는 이들에게만 잘해준다면 무슨 인정을 받겠느냐? 죄인들도 그것은 한다. 너희가 도로 받을 가망이 있는 이들에게만 꾸어준다면 무슨 인정을 받겠느냐? 죄인들도 고스란히 되받을 요량으로 서로 꾸어준다.

그러나 너희는 원수를 사랑하여라. 그에게 잘해 주고 아무 것도 바라지 말고 꾸어 주어라. 그러면 너희가 받을 상이 클 것이다. 그리고 너희는 지극히 높으신 분의 자녀가 될 것이다. 그분께서는 은혜를 모르는 자들과 악한 자들에게도 인자하시기 때문이다. 너희는 아버지께서 자비하신 것처럼 너희도 자비로운 사람이 되어라."(루카 6:32~36)

63. 용생룡 봉생봉

내가 어렸을 때 일이다. 청년 중에 욕을 잘하는 사람이 있었다. 글로 표현하기 어려운 망칙한 욕지거리로 하는데 상대편을 마음 상하게 하는 욕이 아니라 농담 섞인 그 욕은 분위기를 항상 웃기게 만드는 말이었다. 그래서 그의 욕설은 다툼이 아니라 인기를 끌어 웃음보따리가 터지는 분위기를 만들었다.

친구들 중엔 남이 나에게 욕지거리로 해도 상스러운 말은 않고 항상 보통말로 웃기는 친구도 있었지만 XX팔, ㅇㅇ팔, XX새끼, ㅅㅅ새끼, 네에미 X, 네애비 ㅇㅇ 등 상스런 말을 섞어서 내 뱉는 사람도 있었다. 그런 분위기에서는 보통 말하는 사람보다는 상스런 말을 섞어서 하는 사람이 더 인기가 있었던 것 같다.

말솜씨를 나누어 보면 욕이나 상스런 말을 하지 않는 아이들은 그 가정이 점잖고 교양 있는 부모였다. 조용하고 평화스런 가정에서 자랐기에 상스런 말을 할 줄 모르고 남이 자기에게 욕하더라도 아무 대꾸를 하지 않는다. 그러나 가난하고 교양 없는 지랄스런 부모 밑의 자녀들은 대개 욕이 많고 상스런 말을 하고 심술 맞고 다투기를 잘하고 투쟁적이다.

말은 인격의 표출이다. 욕 잘하고 시기심, 질투심이 많은 사람은 그만큼 마음이 여유가 없고 각박하여 심술궂고 투쟁적이다. 언제 어디서도 말이 적고 점잖은 사람은 어렸을 때부터 그러한 가정 분위기에서 살아 왔기에 그 생활이 배어 그렇게 된 것이다. 그러므로 우리는 후세를 위하여 항상 몸가짐과 마음가짐을 유의해야 하지 않을까 생각해 보는 것이다.

신심이 좋은 사람은 어떤 어려움이 있어도 인내 속에서 잘 풀리는 경우를 흔히 주위에서 본다. 신심이 두터운 부모 밑에서 자란 자손들은 부전자전, 모전여전이라고 신심이 두터울 수박에 없으니 흐트러짐이 없어야 하겠다. 용생용 봉생봉(龍生龍 鳳生鳳)이라 했던가?

64. 미물에게도 헌혈

뒷산 숲속의 여름에는 조그만 막에서 앉았다 누웠다 책을 읽다가 낮잠도 청해본다. 시원한 바람을 쐬며 산림욕을 겸해 한가로움 속에서 사색을 만끽할 수 있으니 이곳이 지상낙원이랄까?

상큼한 풀내음을 마시면서 산새들과 대화도 해 본다. "뻐꾹 뻐꾹 자자자자……." 뻐꾸기의 노래도 듣는다. "계집죽고 자식죽고, 계집죽고 자식죽고……." 산비둘기의 하소연 신세타령 울음소리가 처량하게 들린다. 사랑하던 마누라도 죽고 자식마저 죽었으니 누구를 의지하고 살란 말이냐? 그렇다 가족 잃은, 의지할 이 없는 홀아비 신세, 비둘기가 누구에게 하소연하는가? 저 멀리 있는 암비둘기는 본체만체하니 애간장이 탈 수밖에…….

이따금 오수로 꿈나라에 갔다가 가끔 눈을 떠보면 모기란 놈이 피를 빨아 먹는다. 통하지 않는 대화를 나눈다.

"요놈이 따끔하게 주둥이를 박고 이 귀한 내 피를 빨아 먹어? 괘씸한 놈 같으니"

"아니요, 죄송합니다. 사람님."

"곤히 자는 잠 깨우면서 염치 좋게 공짜로 피를 빨아먹다니?"

“사람님, 제가 먹고 사는 것은 나무와 풀의 진인데 알을 낳기 위해서는 사람님의 피를 먹어야 해서 그럽니다. 그래서 염치없사오나 피 한 방울만 적선하옵시면 어떠하올까요?”

“그러나 안 된다.”

“다시 말씀 올리겠습니다. 우리가 없으면 잠자리도 살 수 없고 결국은 자연이 파괴되어 어르신들도 살 수가 없게 되오니 피 반 방울이라도 적선하십시오.”

“오냐, 그 생각을 미처 못 했구나. 네 마음껏 먹거라.”

그대로 했더니 모기 물린 부위가 부풀어 올랐고 가려웠다. 물린 모기에게 헌혈하는 것이 별것이 아니라서 참다가 결국은 두드려 잡았다. 그러나 목숨까지 없앤 모기에게는 너무 했구나. 죽이지는 말고 쫓아버리기만 할 것을 하는 미안한 생각이 들었다.

파리 외방전교회 강진수 신부님은 한국에 오셔서 한국인들에게 신명을 아낌없이 바치셨다. 특히 우리나라에서 헌혈을 최고 많이 한 사람으로 매스컴에 여러 번 소개된 분으로 유명했다. 나도 그분의 헌혈에 대한 이야기를 듣고 여러 번 적십자사에서 헌혈을 했다. 회갑이 지나서는 헌혈이 무리하니 하지 말라 해서 중단 했지만 젊어서 많이 하지 못했던 것을 후회했다.

보통 건강한 사람은 석 달에 한 번씩 헌혈하는 것은 해로운 것이 아니라 오히려 건강에 좋단다. 피를 필요로 하는 수술 환자들을 위하여 남아 돌아가는 피를 주는 것이 일석이조의 득이 아니겠는가? 우리나라 사람들의 헌혈량이 적어서 외국에서 피를 수입하고 있다는 뉴스를 가끔 접할 때마다 국민들의 헌혈에 대한 부족한 인식이 아쉽게 느껴진다.

프란치스코 성인은 모든 생명을 지극히 존중하셨으며 하느님의 사랑으로 창조하신 모든 피조물을 인간과 똑같은 형제로 존중하였다. 그래서 자연보호의 수호성인으로 전 세계가 존경하는 것이 아닌가? 물고기들도 새들도 짐승들에게도 말을 하면 고개를 향하고 조용히 듣고 설교도 들었는데…….

나는 따끔하다고 때려잡아 죽였으니. 조금만 참고 쫓으면 되는데. 미물이라고 생명을 죽였으니 얼마나 잔인한 일인가? 나는 아직 부족하구나. 프란치스코 성인의 제자라는 소위 재속 프란치스코 회원으로서 아직도 멀었구나 자책해 본다.

"하느님의 종은 일이 뜻대로 잘 될 때에는 어느 정도의 인내심과 겸손을 지니고 있는지를 본인 자신도 알 수 없습니다. 그러나 자기의 뜻을 받들어야 할 바로 그 사람들이 자신을 반대할 때 그가 보여주는 그 정도의 인내심과 겸손을 지니고 있는 것이지. 그 이상 지니고 있는 것은 아닙니다."(사부 성 프란치스코의 영적권고 13)

그렇다. 인내심과 겸손이 부족하여 모기를 죽였으니 그 정도의 인내심과 겸손을 지니고 있지 않다. 사부님은 그렇게 동물, 무생물까지도 형제로 사랑하셔서 하느님 창조의 뜻을 지극히 따랐기에 전 세계가 추앙하는 지구 자연의 수호성인이 아닌가?

일상생활에서 채소를 먹기 위해서 벌레를 죽이는 농약을 뿌리고 과일을 먹으려고 살충제를 뿌리는 우리의 생활보다는 함께 공동으로 살아갈 수 있는 방도를 찾아야 할 일이다. 미물과도 더불어 살아가지 않으면 안 되는데 만물의 영장이라고, 인간만이 살려는 욕심에서 잔인한 행위를 하고 있으니…….

인간 중에도 북녘의 우리 동포들은 못 먹고 굶어 죽어 가는데 우리는 흔전만전 먹고 남아 버리니……. 또 목숨을 걸고 자유대한 땅으로 찾아와 살지만 갖가지 어려움 속에서 살아가고 있는 새터민들, 우리는 어떻게 도움을 줄 수 있는지 생각해 볼 일이다.

65. 일석삼조

자동차란 기름, 가스 등의 연료를 내연기관의 동력원으로 하여 자력으로 달리게 만든 운송기관이다. 사람, 화물을 운반하거나 각종 작업을 수행하는 기계인데, 그 중에서 오늘날 시내버스는 사람들이 이동하는데 필수 불가결의 도구이다.

인류가 바퀴를 만들어 낸 뒤 스스로의 힘으로 움직이는 탈것에 대해 연구하기 시작한 것은 오래전의 일이나 18세기 말 증기기관을 동력원으로 시도했던 것을 자동차의 첫 등장으로 하여 산업의 한 분야로 자리 잡고 대중화의 길로 접어들게 된 20세기 초까지 불과 100여 년이 흘렀다.

오늘날은 자동차 이용이 인류 문화 발전에 기여도가 크다. 반면에 역작용으로 배기가스에 의한 대기 오염, 교통사고 및 교통 체증, 엄청난 연료 소비로 인한 자원 고갈 등이 문제로 제기되고 있다. 이로 인하여 수소 자동차나 태양광을 이용한 전기 자동차 개발 등 대체 에너지 개발에 노력하고 있으나 보다 적극적인 연구와 충분한 투자가 요구될 뿐만 아니라 현명한 자동차 이용이 필요하다.

오늘날 우리나라는 급속한 경제성장과 생활의 향상으로 자동차 문화가 급신장하여 5천만 인구에 자동차가 이천만대를 넘으니 가구 수보다 많다.

한국 최초로 도입된 자동차는 현재 창덕궁 차고에 소장되어 있는 1903년 고종이 미국공관을 통해 들여온 포드승용차다. 도입초기에는 극소수 특수층의 전유물로 1917년 까지만 해도 60여대에 불과했다. 그 후 한강 인도교 가설로 증가하기 시작하여, 1940년대에 이르러 50명 태우는 대형버스가 등장하였고, 1950년대 중반부터 본격적인 자동차 산업이 시작되어 5.16직후 활성화되었다.

신진, 현대, 아시아, 기아 등의 회사가 번창하게 되면서 자동차를 수출하게 되고 국내 자동차 수가 많게 된 것이다. 그로 인한 역작용으로 빈번한 교통사고, 교통체증, 주정차 난, 배기가스에 의한 대기오염, 생활비 과중 부담 등의 문제가 해결과제로 제기되고 있다. 이 해결을 위해서는 다각적인 대책과 노력과 국민의 올바른 인식이 필요하다고 생각된다.

주차 금지 구역에 주차시켜 통행을 불편하게 하는 것은 위법인데도 불구하고 버젓이 주차시키는 사례를 자주 목격하면서 불법주차를 하는 사람이나, 이를 단속하지 않는 관계기관을 탓하고 싶다. 대중교통 이용의 편리를 위하여 전용차로 지정도 확대하고, 전용도로 실시 시간도 잠깐 출퇴근 시간에만 할 것이 아니라 대폭 늘릴 필요가 있다고 생각한다. 자가용 승용차를 억제하고 요즈음 편리하여 많이 이용되고 있는 대중교통의 보다 많은 애용을 위하여 정책적인 배려와 시민 의식의 전환이 필요하다.

구약성경 창세기 1장의 내용은 천지 창조다. 이 세상 만물을 창조하시고 하느님께서 "보시니 좋았다."는 말씀이 다섯 번이나 되풀이된다.

마지막으로 남자와 여자를 창조하시며 "자식을 낳고 번성하여 땅을 가득 채우고 지배하여라." 말씀하시고 이 세상 모든 것을 다 주시면서 다스리라고 말씀하셨다. 이 말씀은 모든 자연을 사람이 제 욕심대로 착취, 낭비하지 말고 하느님의 뜻에 따라서 함께 살라는 뜻이 담겨 있다. 보시기 좋은 것을 잘 이용하여 서로 돕고 다스리며 함께 살라는 창조자의 뜻을 상기하면서 살아가야 할 일이다.

요즈음 어느 버스 운전기사의 사례를 보자. 급발진 급정거의 난폭 운전을 하지 않고 승객이 자리에 앉은 후에 천천히 출발하고 승차손님에게 남녀노소 불문하고 승객에게 "어서 오십시오." "안녕히 가십시오, 즐거운 하루 되십시오."웃으면서 친절히 인사하는 운전기사, 교통 노선을 묻는 승객에게 자세히 환승노선을 알려주는 운전기사, 무거운 짐과 씨름하는 승객을 도와주는 운전기사, "기사님은 너무나 친절하십니다." 했더니 "돈 안 드는 친절, 밑천 안 드는 봉사, 힘 안 드는 인사, 저는 그것으로 명랑 사회 일꾼이 되렵니다." 나는 이 기사님의 대답을 듣고, 나도 이 기사님처럼 해야겠다고 마음을 고쳐먹으면서 전보다 좋은 사례를 접할 때마다 기분이 매우 좋아진다.

운전기사의 수고나 고마움은 생각하지 않고 말거리도 안 되는 일 가지고 운전기사에게 시비를 거는 승객, 운전기사는 친절하게 열심히 인사하는데, 답례는 안 하고 본체만체 승하차하는 승객들을 볼 때마다 나는 안타까운 생각이 든다. 기사님도 가정에서는 〈존경받는 좋은 아버지요 귀중한 남편이요 어른〉인데, 아들 딸 손자 손녀 같은 어린학생에게 인사를 해도 본체만체하다니 이는 너무 무례한 일이라 하지 않을 수 없다.

나는 승차시 운전 기사님께 "수고 하십니다!" 인사하고 내릴 때도 반드시 "수고 하셨습니다." 인사한다. 여러 해 전부터 그렇게 수범하였더니, 우리 마을(연계버스 41번) 인사하며 타고 내리는 사람들이 많아졌다. 몇 해 전에 유별나게 친절했던 기사님을 보고, 나는 감동하여 회사 사무실로 전화하여 표창을 해달라고 진언한 바도 있었다. 결과는 어떻게 됐는지 모르지만.

승용차를 사용하다 보면 편하기는 하지만 연료비와 자동차세, 보험료가 많이 든다. 시내버스는 일보는데 약간 불편한 점은 있지만 요금도 싸고, 일정 시간 내에는 세 번까지도 환승할 수 있을 뿐만 아니라, 교통사고 염려할 필요도 없고, 주차 걱정도 필요 없고, 운전염려도 없고, 자유시간도 구애됨이 없으니, 이거야 말로 일석이조가 아니라 일석삼조(一石三鳥)가 아니겠는가?

나는 자가용 승용차를 1993년도에 구입하여 17년 동안 사용하고 있었으나, 운행 총 거리가 9만km밖에 안되니 얼마나 절약했는지 알 만할 것이다. 이제는 나이도 먹어 가족들이 걱정을 하니 처분해 버렸다. 내 손때가 많이 묻은 애기(愛機)여서 안타까운 마음도 들고 약간은 불편하지만 대중교통을 이용한다. 필요시는 택시를 이용하니 대포(막걸리)도 마음대로 마시고 돈도 절약되고 가족도 걱정을 덜었으니 얼마나 마음이 가벼운지 모르겠다.

오늘날 우리 한국사회는 과보유 승용차를 줄이거나, 사용빈도를 가급적 줄이고 대중 교통이용에 많이 참여하여 가계부도 자조(自助)하고 서로 도와 걱정도 줄이고 지구온난화 방지에도 일조하고 국토의 도로 점유율 확대방지에도 일조하여 자손만대 편안히 살 수 있는 지구환경 회생(回生)을 위하여 협조함이 천당 만당(千當萬當)한 일이다.

시민의 생활편리를 뒷받침해 주고, 박봉에도 불구하고 일요일도 없이, 명절날도 없이, 친절을 다하여 시민을 안전하게 태워다주는 친절의 전도사, 명랑사회의 전도사 운전기사와 교통운수회사에 감사한다.

66. 25시 인생살이

'사느냐, 죽느냐!'하는 갈림길에서 죽음을 무릅쓰고 탈출하여 우리 자유대한으로 와서도, 여러 가지 어려움 속에서 열심히 공부하며 살아가는, 새터민 학생을 비롯하여 공부하는 학생들에게 위로와 희망과 노력을 고취하자는 생각에서 몇 마디 하고자 한다.

열차나 버스를 타서 보면, 창밖의 경관을 보는 사람, 옆 사람과 이야기하는 사람, 신문이나 잡지를 보는 사람, 그냥 무료히 앉아만 있는 사람, 눈을 감고 조는 사람 등 여러 모습을 본다. 서울 같은 대도시에서는 차내에서 신문이나 잡지, 서적을 보는 사람, 공부하는 학생들을 많이 볼 수 있는데, 차가 흔들려서 책을 안 보는지는 몰라도, 중소도시나 특히 시골로 갈수록 차에서 독서하는 사람을 보기 힘들다.

우리의 생활은 대개 하루를 주기로 반복되는 생활을 한다. 보통 아침, 점심, 저녁 세끼 식사하고, 7~8시간 자고, 나머지 시간은 자유로이 쓴다. 요즈음은 생존경쟁이 치열하여 자유시간과 잠자는 시간이 매우 짧아졌고, 업무에 매달리는 시간이 많다. 그래서 효율적인 시간의 활용이 필요한 것 같다.

입시경쟁에서 열심히 공부하지 않으면 좋은 대학에 갈 수 없고, 제품 생산에서 다른 경쟁사 제품보다 품질이 우수해야 하니 여가시간, 휴식시간, 잠자는 시간마저 빼앗길 수밖에 없는 것이다. 학생들은 대학에 진학하기 위해서 학교 공부가 끝나고도 학원에까지 가서 이른 새벽부터 밤늦게까지 잠자는 시간 4~5시간 외에는 쉴 새 없이 공부와 씨름하지 않는가?

시간을 아껴 쓰는 것은 중요한 일이다. 한번 지나간 시간은 다시 돌아오지 않는다. 그래서 성공한 사람들은 모두 시간을 잘 관리한 사람들이었다. 물건은 써버리면 다시 만들면 되고, 돈은 다시 벌면 되며, 싹이 죽으면 다시 씨를 뿌리면 된다. 그러나 가버린 시간은 다시 찾을 수 없는 것이다.

어떤 학생은 공부가 재미나서 책상을 떠나지 않고, 어떤 학생은 책 읽기가 재미나서 밤새워 읽으며, 또 다른 어떤 학생은 그림 그리는 것이 재미나서 계속 그림을 그린다. 밥상 앞에서도 책을 보며 식사하는 학생, 화장실에서 용무를 보면서도 책을 읽는 학생과 같이, 어떤 일을 할 때든 온힘과 정성을 쏟아 하는 사람, 공부도 운동도 놀이도 모두 열심히 하고, 쉬는 것도 편히 쉬는 사람은, 하루가 24시간이 아니라 25시간, 26시간이 되는 것이다. 쓸데없이 시간을 낭비하는 사람에게는 하루가 24시간이 아니라 20시간이나 15시간밖에 안 되는 셈이다.

불필요한 TV시청, 심심풀이 오락, 무료한 시간 보내기 등은 모두 시간낭비이다. 남을 괴롭히고, 시간을 빼앗고, 제 욕심만 차리며, 비리부정을 저지르는 시간은, 가시밭길을 만드는 시간이요 미래의 고통을 잉태시키는 시간일 뿐이다.

마음의 양식을 쌓기 위해서, 새로운 지식과 생활의 지혜를 얻기 위해서, 독서하고 공부하고 연구하는 시간은 생산적인 시간이다. 남을 위해 봉사하고, 어려운 사람을 도와주며, 인류의 평화와 행복을 위하여 바치는 시간은 황금알을 잉태시키는 시간인 것이다.

벤자민 프랭크린은 '시간은 금'이라 했다. 지식이 폭발하고 하루가 다르게 발전하는 오늘을 사는 우리에게는, 시간의 소중함을 깨닫고 아껴 쓰는 사람만이 새 사회의 주인이 될 것이다. 23시를 사는 사람은 뒤에서 허덕일 것이고, 25시를 사는 사람은 기뻐 웃으며 뛰어갈 것이다.

67. 어느 계모 (1)

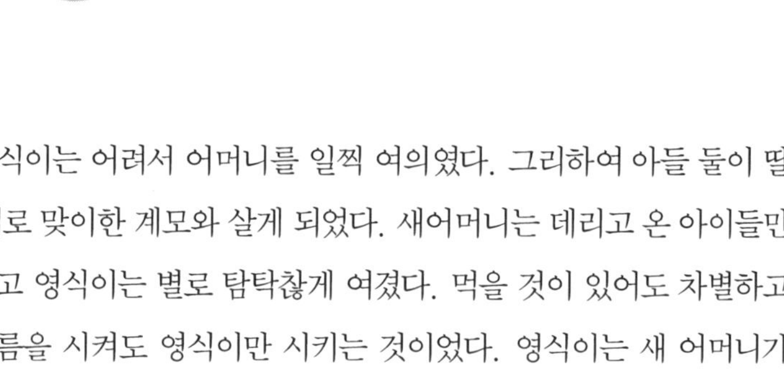

영식이는 어려서 어머니를 일찍 여의였다. 그리하여 아들 둘이 딸린 새로 맞이한 계모와 살게 되었다. 새어머니는 데리고 온 아이들만 아끼고 영식이는 별로 탐탁찮게 여겼다. 먹을 것이 있어도 차별하고 심부름을 시켜도 영식이만 시키는 것이었다. 영식이는 새 어머니가 미울 때도 있었고 원망스러울 때도 많았다. 그래서 학교가 끝나면 집에 가기도 싫었고 저녁때가 되어도 집에 들어가기가 싫었다. 새어머니는 아버지 앞에서는 차별하지 않고 잘해주는 척해서 아버지는 이러한 사실을 모르고 있었다.

영식이는 차츰 나이가 들자 새어머니를 미워해서는 안 된다는 생각을 하게 되었다. 그리하여 새 어머니가 잘못해도 그것을 티내지 아니하고 더욱 열심히 심부름을 하고 열심히 받들고 공경하려고 노력하였다.

그러던 어느 날, 점심 때 집에서 점심을 먹게 되었는데 새어머니는 영식이의 밥상과 데리고 들어온 아이들의 밥상을 따로 차려주고 마당에서 일을 하고 있었다. 영식이의 밥은 반 그릇이고 반찬은 쓴 나물과 채소뿐이었는데, 데리고 온 아이들은 밥 한 그릇에 고기와 생선을 차려 맛있게 먹고 있었다. 그런데 이때 밖에서 돌아온 아버지가 이것을 보고는, "아니, 밥상이 왜 이렇게 다르냐?"라고 물었다. 그러자 영식이는 "아닙니다. 저는 아까 친구 집에서 떡을 조금 먹었고 또 쓴 나물을 좋아하고 채소를 좋아합니다. 그래서 어머니께 밥을 조금만 주시고 채소를 달라고 하였습니다."라고 둘러대었다.

아버지는 이 말을 믿지 않고 "네 어미 어디 있느냐? 당장 쫓아내고야 말겠다."하는 것이었다. 영식이는 아버지의 손을 붙잡고 "아버지 진정하십시오. 어머님이 계시면 한 아들만 배고프지만 어머님이 안 계시면 두 아들 뿐만 아니라 우리 집이 모두 배고프게 되니 어머님을 용서하십시오."라면서 눈물을 글썽이는 것이었다. 밖에 숨어서 이 말을 듣고 있던 계모는 자기의 잘못을 크게 뉘우치고 남편과 영식이에게 사죄하였다. 그 다음부터는 영식이를 자기가 데리고 들어온 아들보다도 더 사랑했단다. 영식이가 얼마나 현명하고 기특한가?

5월은 가정의 달, 성모님의 달, 특히 사랑의 계절이다. 어머니의 삐뚤어진 마음을 올바르게 잡아주고 가정의 화합을 가져오게 한 영식이의 행위, 내가 영식이었다면 과연 그렇게 할 수 있었을까 생각해 본다.

미움을 사랑으로 감싸줄 때 따뜻한 태양이 봄눈을 녹이듯 굳어진 마음을 녹이고 화기가 감돌게 만들어 줄 것이다. 미움과 다툼과 꾸중은 분열을 가져온다. 미움이나 꾸중은 결코 뉘우침과 깨달음을 주지 못하고 오히려 증오를 싹틔우는 것이다.

사랑과 용서와 존중은 단합을 가져오는 것이다. 또 믿음을 가져오는 것이다. 또 뉘우침과 깨달음을 가져오는 것이다. 내가 먼저 양보하고 참고 견디면 언젠가는 모든 것이 잘되게 마련이다. 남의 잘못만 탓

하지 말고 내 자신을 낮추고 숙이며 인생의 선배인 어른들을 높이는 마음을 가져야겠다.

68. 어느 계모 (2)

내 이웃에 사는 어떤 사람의 이야기다. 어린 자식 다섯을 두고 부인이 세상을 떴다. 경제적으로 어렵고 여건이 좋지 않아 어렵사리 재혼을 이루었다. 어려움 속에서도 열심히 살아가다가 남자가 죽었다.

부인은 이 집에 와서 자식은 못 낳았다. 부인은 후처였지만 성심껏 온 마음을 다하여 오남매를 잘 키워서 지금은 모두 성혼시켜 잘 살고 있다. 자기가 배 아프게 낳은 자식은 아니지만 시집와서 어린것들이 불쌍하여 사랑과 온갖 정을 다하여 키웠으며 손자 손녀도 장성하였다. 지금 늙은 자식들로부터 어려서부터 지금까지 어머니를 넘어 "엄마"라고 부르며 효도를 받고 있는 할머니다.

어머니 호칭과 엄마 호칭은 차이가 있다. 어려서는 "엄마"라고 하지만 장성해서는 "어머니"라고 말을 바꾸는 것이 상례다. 그렇지만 계모인데 늙어서도 모두 엄마라고 호칭하면서 살아오니 그 효성은 두말할 필요 없다. 자녀가 부모를 봉양하는 것은 두말할 나위 없겠으나 인륜을 다하는 계모이기에 남다른 일로 생각되는 것이다. 부모의 사랑이 자녀를 효자 효녀로 만드는 일임에 틀림이 없다고 생각된다.

내가 어려서 시골에 살 때의 일이다. 당시 오리를 기르는데 오리 알

부화는 오리가 하지 않고 암탉이 자기 알을 품을 때 계란과 함께 넣어서 부화를 시켰다. 부화한 뒤 어미닭은 새끼오리와 병아리를 함께 데리고 다니며 키웠다.

새끼오리는 병아리와 함께 어미닭을 좇아다니다 물가에 가면 물속으로 풍덩 들어가 헤엄치며 다니니 어미닭은 물속에 들어가지 못하고 물가만 빙빙 돌아 다녔다. 새끼오리는 좋아라고 물에서 노닐지만 어미닭은 어찌하랴? 그래도 어미닭은 새끼(오리)들만 쳐다보면서 물가를 빙빙 돌아다녔다. 어느 정도 클 때까지 이렇게 안타까운 생모가 아닌 양모(養母) 어미닭이었다.

모성을 찬(讚)하고 싶다.

어머니는 우리가 괴로울 때 안전한 피난처요, 즐거워할 때 동감자(同感者)요, 더울 때 냇가의 미풍이요, 추울 때 따스한 품속이다. 그것은 어느 문인이 말했듯이 망아적(忘我的) 애정, 심각(深刻)한 자비(慈悲), 최대한의 동정(同情), 끝이 없는 긴밀한 연민(憐憫), 무한정의 사랑, 절대한 관념(觀念)으로, 어머니 가슴에서 나온 우리의 뿌리인 것이다.

'인장처럼 나를 당신의 가슴에 인장처럼 나를 당신의 팔에 지니셔요. 사랑은 죽음처럼 강하고 정열은 저승처럼 억센 것. 그 열기는 불의 열기, 더할 나위 없이 격렬한 불길이랍니다. 큰물도 사랑을 끌 수 없고 강물도 휩쓸어 가지 못한답니다. 누가 사랑을 사려고 제집의 온 재산을 내놓는다 해도 사람들이 그를 경멸할 뿐이랍니다.'(아가 8,6~7)

69. 외로움

사람은 여럿이 더불어 살아간다. 여럿이 집단을 이루어 살아가는데 최초에는 가족을 이루고, 나아가서는 마을 도시 등 집단을 이루고, 크게는 국가를 이루어 살아나간다. 짐승들도 무리 지어 살고 물고기들까지도 떼를 지어 다니며 살아간다. 혼자서 외롭게 살기가 어려운 때문인가 보다.

여러 해 전의 일이다. 시베리아 벌목장에서 일하던 북한노동자 최 씨가 북한 감시원의 눈을 피해 벌목장을 탈출하여 카자흐스탄으로 숨어들어 한 교포의 집에 숨어 있다가 동료 네 명과 함께 우리나라로 들어오게 되었다. 우리나라로 들어온 후에도 최 씨는 서울과 카자흐스탄을 오가던 교포를 통하여 카자흐스탄의 교포 집에 숨어 있을 때 일년 반 동안 자기를 친오빠처럼 따르던 그 집의 딸과 사랑을 속삭여 오게 되었다. 마침내 최 씨는 사랑하는 그녀를 한국으로 불러 들여 드디어 결혼을 하게 되었다.

최 씨는 회사에 취직을 해서 생활에 어려움이 없었고 영구 임대아파트에서 꿈같이 달콤한 신혼생활을 시작하게 되었다. 그런데 아내는 문화가 다르고 언어가 달라 주위 사람들과 잘 어울리지 못하였고, 오로지 말벗인 남편에게만 매달리며, 고향에 대한 그리움과 외로움에 몸부림쳐야 했다. 딸을 낳고 고향에 다녀오기로 계획을 했음에도 불구하고 결국 외로움을 이기지 못하다 지쳐 6개월 된 딸을 안고 아파트에서 뛰어내려 자살을 하고 말았다.

최 씨는 결혼을 하게 되자 세상의 모든 것을 다 소유한 것처럼 보였다고 직장의 동료들이 말했다. 그런데, 신혼의 단꿈이 채 깨기도 전에 싸늘한 시체로 변한 사랑하는 아내와 딸을 부둥켜안고 흐느끼며 몸부림치는 최 씨를 차마 볼 수 없었단다. 좀 더 참고 기다리지 못하고 자살을 택한 것은 천만 번 잘못한 일이지만, 6달된 아기와 함께 아파트에서 떨어져 죽은 모녀도 불쌍하고, 40나이에 새 보금자리에서 행복한 삶을 시작하다가 갑자기 사랑하는 아내와 딸을 잃고 넋을 잃게 된 최 씨도 참으로 불쌍하다.

낯설고 머나먼 이국에 와서 고향에 대한 그리움, 부모 친척에 대한 그리움, 친구들에 대한 그리움 때문에, 사랑도 마다하고 자살이라는 막다른 길을 택한 것이다. 그렇게 외로움이란 죽음보다도 더 무서운 것이다.

그런데, 세상에서 가장 외로운 사람은 주위 사람들로부터 소외당하는 신체 장애인이나 조금은 모자라고 부족한 사람들이다. 그들은 태어날 때부터 그렇게 되었거나 또는 불의의 사고 등으로 어떤 한순간에 자기가 원치 않는 결함이 생겨 그렇게 불행한 사람이 된 것이지만, 그들도 모두 하나님의 사랑하는 자녀요 우리의 형제들이다.

그들 모두가 그러한 외로움 속에 버려지지 않도록 우리 모두 배려를 아끼지 말아야 하겠다. 가난하여 소외 받고, 못나서 소외받고, 힘없어 소외당하는 사람이 없었으면 좋겠다.

70. 심청전 소고

심청전은 우리민족 옛날로부터 전해져 내려오는 판소리계 소설로 작자와 연대는 미상이지만 옛날 조상들에서부터 지금까지 애독되어 왔다.

맹인 심 학규는 아내가 첫 딸을 낳은 지 7일 만에 병사하여 동냥젖으로 갖은 고생을 다하면서 청이를 길렀다. 이 집 저 집 돌아다니면서 품팔이를 하고 돌아오는 딸을 마중 나갔다가 개천에 빠져 허우적대는 심봉사를 지나가는 몽은사 화주승이 목숨을 구해 준다.

이 딱한 봉사를 구해준 스님은 백미 삼백 석을 부처님께 공양하면 맹안이 개안된다는 말을 하게 된다. 이 말에 심 봉사는 마음이 동하여 천만 불가한 약속을 한다. 심청이 이 소식을 듣고 아버지의 눈을 뜨게 하려고 인당수 제물로 몸을 팔아 죽음을 선택하지만 인간세상으로 환생하여 천제의 황후가 되고 청이를 만난 기쁨에 아버지는 눈을 뜨게 된다.

간고(艱苦)한 서민들의 꿈과 지극한 효성에 대한 인과응보(因果應報)의 희망을 반영하는 애달픈 이야기다. 우리가 다들 잘 아는 이야기지만 그 구사(句辭)가 너무나 애절하여 다시 한 번 음미해보고 싶어 절사절언(切辭節言) 몇 장면만 음미해 보련다.

딸 낳은 지 7일 만에 부인의 죽음에 심봉사 가슴을 쾅쾅, 머리 탕탕, 발 동동 구르며 울부짖는다. "여보시오 마누라, 그대 살고 나 죽으면 저 자식을 잘 키울걸, 엄동설한 북풍불제 무엇 입혀 길러내며 배고파 우는 자식 무얼 먹여 살려낼까? 염라국이 어디라고 이 앞 못 보는 나 버리고 어딜 갔소. 마누라 가신 곳은 몇 만 리나 멀었관대, 한번 가면 못 오는가?……"

어린 심청이 아버지 굶기지 않으려고 이 집 저 집 돌아다니면서 밥 동냥 해올 제 심 봉사 딸 손을 어루만지면서 "애닯도다 내 팔자야. 앞 못 보고 구차하여 쓰지 못할 이 목숨이, 살면 무얼하자고 자식 고생시키는고." 청이 장한 효성 부친 위로하며, "아버지 설워마오. 부모께 봉양하고, 자식이 효 받는 것이 이 천지에 떳떳하고 사체에 당연하니 너무 근심 마옵소서." 청이 나이 자랄수록 삯 바느질, 남의 집 일, 품 팔아서 부친공경 한결 지극 터라.

심청 십오 세 당하여 얼굴이 국색(國色)이요, 효행이 출천(出天)한 중, 재질(才質)이 비범(非凡)하고, 심사(心事)가 고결하여 인의예지(仁義禮智) 삼강행실(三綱行實) 충실하니 하늘이 낸 아름다운 재질(才質)이라. 여중(女中)의 군자(君子)요 새중의 봉황(鳳凰)이요, 꽃중의 모란이라.

장 승상 수양딸로 들이며 "네 분명 선녀로다. 도화동에 귀양 오니 월중(月中)에 놀던 선녀 벗하나 잃었도다. 무릉촌에 내가 있고 도화동에 네가 나서, 무릉촌에 봄이오니 도화동에 꽃이 핀다. 천지정기(天地精氣) 빼앗으니 비범한 네로구나." 청이를 찬탄한다.

몽운사 화주승이 딸 마중 나왔다가 개천에 빠져 허우적대는 심 봉사 구해주고 공양미 삼백 석을 부처님께 봉양하면 눈을 뜨게 되리라는 말에 심 봉사 덜컥 약속하고 집에 돌아와 묵은 근심 새 근심이 불같이 일어나니 신세자탄 한탄한다.

'천지가 지극히 공평하사 별로 후박이 없건마는, 이 내 팔자 어이하여 형세 없고 눈이 멀어 해달같이 밝은 것을 분별할 수 전혀 없고, 처자 같은 지정간(志情間)을 대하여도 못 보는가? 우리 망처(亡妻) 살았으면 조석근심 없을 텐데. 다 커가는 딸자식이 삼사동리 품을 팔아 근근한 호구 중에 삼백석이 어디 있어 호기 있게 적어 놓고, 백가지로 헤아려도 방책이 없이 되니 이를 어찌 한단말까. 애고 애고 설운지고'

청이 그날부터 후원을 정리하고 황토로 단을 모아 두고 정화수 받쳐 놓고 북두칠성 뜬 밤중에 분향재배 무릎 꿇고 두 손 합장 비는 말이

"상천일월성신(上天日月星辰:하늘의 해와 달과 별)이여 하지후토성황(下地后土城隍:땅의 신과 성황당신) 사방지신(四方之神:사방에 있는 모든 신) 제천제불(諸天諸佛:모든 하늘의 모든 부처님) 석가여래(釋迦如來) 팔금강보살(八金剛菩薩:부처의 여덟 수호신)은 소소응감(昭昭應感:밝게 감응) 하옵소서. 하느님이 일워 두기 사람의 안목이라 일월이 없사오면 무슨 분별 하오리까. 소녀 아비 무자 생 이십 후 안맹하여 사물을 못 보오니, 소녀아비 허물일랑 이 몸으로 대신하고 아비 눈을 밝게 하여 천생연분 짝을 만나 오복을 갖게 주어 수부다남자(壽富多男子)를 점지하여 주옵소서……."라 하였다.

황성 장사배에 제물로 공양미 삼백 석에 몸을 팔아 인당수에 투신하

게 된다. 떠나기 전날 밤 청이는 부친의 낯에 얼굴 가만히 대어보고 수족도 만지면서 "오늘밤 뫼시면은, 다시는 못 볼 테니, 내가 한번 죽어지면, 수족을 잘린 듯한 우리 부친, 뉘를 믿고 살으실까? 애긇도다 우리부친, 내가 철을 안 연후에, 밥 빌기를 하였더니, 이제 내 몸 죽게 되면, 춘하추동 사시사철, 동네걸인 되겠으니, 눈총인들 오죽할까. 부친 곁에 내가 뫼서, 백세까지 공양하다가, 이별을 당하여도, 망극한 이 설움이, 측량할 수 없겠거늘, 하물며 생이별이, 고금천지간 또 있을까. 우리부친 곤한 신세, 적수단신 살자한들, 조석공양 뉘가 하며 고생하며 죽사 오면, 또 어느 자식 있어, 머리 풀고 애통하며, 초종장례 소대기며, 해마다 오는 기제사에, 밥 한 그릇 물 한 그릇, 뉘라서 차려 놓을까, 몹쓸 년의 팔자로다, 칠일 만에 모친 잃고, 부친마저 이별하니, 이런 일도 또 있는가. 하량낙일 수천리(河粱落日 數千里)는, 소통국(蘇通國)의 모자이별…….

수중에서 황천 가기, 몇 천 리나 머다는지, 황천을 묻고 물어, 불원천리 찾아간들, 모친이 어이 알며, 나는 모친 어이 알리, 만일 알고 뵈옵는 날, 부친 소식 묻자오면, 무슨 말로 대답할꼬, 오늘날 오경시를 함지에 머무르고, 내일 아침 돋는 해를, 부상에 잡아매면, 하늘같은 우리 부친, 한 번 더 보련마는, 밤이 가고 해 돋는 일, 게 뉘라서 막을 손가." 눈물을 되씹으며 밤새도록 한탄한다.

팔려가는 일을 모르는 아버지 앞에 다음날 떠나려고 청이 우르르 달려가 "아버지!" 외마디 소리 부르더니 말 못하고 기절한다. 팔려간다는 하늘이 무너지는 청천벽력의 소식을 들은 심봉사.

"애고 애고 이게 웬 말이냐? 응. 참말이냐? 말이 아니로다. 나보고 묻지도 않고 마음대로 하단 말가? 네가 살고 내 눈 뜨면 그는 응당 좋으려니와 네가 죽고 내 눈뜨면 그게 무슨 말이 되랴. 너의 모친 너를 낳은 지 칠일 만에 죽은 후에 눈조차 못 보는 놈이 품안에 너를 안고 이집 저집 다니면서 동냥젖 얻어 먹여 그만치나 자랐기로 한시름 잊었더니 네 이게 웬 말이냐? 눈을 팔아 너를 살터인데 너를 팔아 눈을 산들 그 눈 해서 무엇하랴. 어떤 놈의 팔자로서 아내 죽고 자식 잃고 사궁지수(四窮之首) 된단 말가…….”

홀로 장담 이를 갈며 죽기로 수작하니 청이 아버지 붙들고 뒹굴며 통곡하매 도화동 남녀노소 뉘 아니 슬퍼하랴. 선인들도 슬피 운다. 선인들 말하기를 “출천대효(出天大孝) 심 소저는 말할 것도 없거니와 심 봉사 불쌍하니 우리 뱃사람들이 십시일반(十匙一飯)으로 백미 삼백 석을 주겠습니다. 죽지 않게 동네에서 보살펴 주소서.” 하였다.

심 봉사 “애고애고 이것이 생시냐 사실이냐? 나버리고 못 가리이다.” 청이 “동네 어르신들 혈혈단신 우리부친 죽으러 가는 몸이 어르신들 믿사오니 깊이 생각하옵소서.” 청이 피같이 흐르는 눈물 온 땅에 사무치어 하직하고 돌아서니 남녀노소 할 것 없이 발 구르며 통곡한다.

인당수에 이르러 선인제관 이르기를 “출천대효 심낭자 수중고혼(水中孤魂) 되었으니 애닯고 불쌍한 말 어찌 다 이르리오. 우리 선인들 낭자로 인하여 억십만 냥 이를 남겨 고국으로 가려니와 낭자의 꽃다운 혼이야 어느 때나 오시려오. 가다가 도화동의 소녀부친 평안한가 안부하리다.” 하다.

북소리 둥둥 울리매 사공도 울고 선인들 모두 울 제 해상을 바라보니 난데없는 탐스런 연꽃 한 송이 둥실 떠올랐다. 고이 모셔 천자께 진상하라는 하늘의 소리에 선인들 그대로 시행하였다.

청이 용왕이 구해주어 천자의 왕후가 되고 청이 낳고 칠일 만에 돌아가신 어머니를 만나고 맹인잔치를 열어 아버지 심 봉사가 온다. 왕후 청이는 아버지를 보고 맨발로 달려가 와락 껴안고 "아버지 제가 살아왔소. 저는 물에 빠진 딸 청이요. 청이가 여기 있으니 어서 눈을 뜨시고 딸의 얼굴을 보옵소서." 심 봉사 이르되 "어따, 이게 웬일이냐?" 대경 중에 눈을 번쩍 뜨니 일월이 환히 빛나고 천지가 명랑하니 딸의 얼굴 다시보고 목을 껴안는다.

기쁨에 세상이 춤 속에서 요동치고 한편 슬퍼한다. "불쌍하다. 너의 모친 황천으로 돌아가니 내가 너를 잃고 수십년 고생으로 지내다가 황성에서 너를 만나 이같이 좋아하는 양을 알까보냐. 춤추며 노래하되 죽은 딸 다시 보니 인도화생(人道化生)하여 온가. 어두운 눈을 뜨니 대명천지(大明天地) 새로워라. 부중생남 중생녀(不重生男 重生女) 나를 두고 이름이라. 지화자 좋을시고."

옛날에 펴낸 소설은 과장과 지나친 반복으로 산만한 느낌, 지루한 느낌도 있지만 현대인의 생활감각에 근접하여 새로 펴내는 요즈음의 심청전은 많은 현대인의 마음을 끌기에 충분하다고 본다.

효를 바탕으로 하지만 등장인물의 인정 넘치는 행위와 인보사상 그리고 상인 선원들의 불가피한 제천(祭天)이지만 인간적인 정을 곁들인 언행, 마지막에 소원성취와 부귀영화를 누리는 착한 심 봉사와 딸 청이의 지극한 효심의 보상은 상례적인 드라마를 높이 뛰어넘는 교훈으로 독자들의 마음을 움직이기에 충분하다고 생각하며 편저자를 잘 선택하여 재 삼독을 권하고 싶다.

71. 만국의 공통어

'아침에 우는 새는 배가 고파서 울고, 저녁에 우는 새는 님이 그리워 운다.' 제주 민요의 일부이다. 우리 민족은 새나 짐승이 소리 내는 것을 '운다'고 표현하지만 서양인들은 '노래한다(A bird sings)'로 표현한다. 운다는 말은 슬픔을 나타내는 말이지만 노래한다는 말은 즐거움을 나타내는 말이다. 같은 현상을 보고 운다는 말 보다는 노래한다는 말이 좋지 않을까.

즐거움의 반대는 괴로움인데 석가는 세상 삶을 고해(苦海)라고 보고 해탈(解脫)을 설법했고, 하느님은 세상을 창조하시고 '보기 좋다'고 했으나, 인간이 창조주의 뜻을 거슬러 타락해서 후에 속죄와 사랑을 통하여 평화로운 세상으로 회복시키고 '행복하여라' 라고 축복하셨다. 인간은 행복을 추구한다. 낙천적인 사람은 행복하나 비관적인 사람은 불평불만이 가득하여 항상 불행하다.

인류는 말을 통해서 의사를 전달한다. 동물들은 소리나 몸짓을 통해서 의사를 표현한다. 귀뚜라미 같은 미물에서부터 들짐승 날짐승 모두가 그렇다고 본다. 인류의 말이 생기기까지는 오랜 시간이 걸렸겠지만 말이 생긴 후 음의 선율, 장단, 강약, 화음 등의 변화를 통해서 사상과 감정을 나타내는 음악이라는 예술을 이룩하게 된 것이다.

음악이 인류 문화의 시초와 함께 발전하여 온 것을 고대문명의 발상지에서 발굴된 유물과 유적, 벽화나 서적 등을 통해서 알 수 있다. 메소포타미아 문명에서는 유프라테스 강 하류 수메르인들이 신에게 제사를 올릴 때 피리, 하프, 튜브, 소북 등을 사용하였고, 바빌로니아 전성기에는 대규모의 악대도 조직되었다. 인더스 문명에서는 자료 문헌이 없지만 B.C 1200년경의 베다문학의 찬가로 미루어 보아 음악이 있었음을 알 수 있으며, 황하문명에서도 고대악기로 슬(瑟),금(琴), 생(笙)이 있었는데 진시황의 분서갱유(焚書坑儒)로 인해 모두 타버려서 유물을 찾을 수 없게 되었다.

이집트는 B.C 3000년 이전에도 피라미드의 벽화에 노래하는 사람, 하프 타는 사람, 긴 피리 부는 사람이 있고, 하프, 더블오보에, 트럼펫, 크로탈, 드럼으로 악단이 조직되었으며, 그리스로 이어져, 신에게 찬양 드리는 서양음악의 토대를 이룩하기에 이르렀다. 우리나라도 악기로는 가야시대의 가야금, 고구려의 거문고가 있었고 신라의 향가, 삼국시대의 불교음악이 성행했었다.

최초에는 종교음악으로 시작하여 축제, 행진, 진군, 전투에서 중요한 위치를 점유하였으며, 민족마다 치병, 노동, 제사에서 주술적인 방편으로 발전해 왔다. 오늘날에 와서는 다양한 기악과 실용음악의 발전으로 인류사회에서 인간정화 내지 사회정화를 이룩하고 아름다운 세계를 구현하는 일을 담당하고 있다. 그리하여 인간행복과 직결되는 예술세계에서의 음악의 위치를 크게 확고히 자리 잡고 있는 것이다.

요즈음은 사회가 복잡해지고 그 환경 속에서 살다보니 그에 따르는 정신적인 질환에 시달리다 정신안정을 잃고 우울증에 걸려 자살행위로 이어지는 일도 있다. 이에 따른 사회적인 대책마련과 정신치료로 음악을 접목시킨 음악치료가 관심을 끌고 있다. 음악이 인간생활에 있어서 얼마나 중요한 위치를 차지하고 있는지를 알 수 있다.

문학은 보고 듣고 느끼고 체험한 것에 대한 이성과 감성의 표현이라 한다면, 미술은 시각을 통하여, 색과 선과 면과 형과 입체를 통하여 아름다움을 느끼게 하는 공간적이며 정적인 예술이다. 철학에 문외한인 나로서는 망언일지 모르지만, 감히 '음악은 음을 통한 예술이며 정적(靜的)에서 동적(動的)으로 까지 이어지는 예술이다.'라고 말하고 싶다.

여하튼 음악은 누구나 싫어하지 않는다. 심지어 인간뿐 아니라 동물과 식물까지도 음악을 좋아한다는 연구 보고서가 있다. 아름다운 음악을 틀어 놓고 소, 돼지, 닭을 키우는 농장과 음악을 틀어 놓지 않고 키운 곳을 비교해본 결과, 음악을 틀어놓은 곳의 소는 우유 생산량이 많았고, 닭도 알을 많이 낳았다는 이야기다.

식물도 화분에서 키우면서 실험한 결과 날마다 음악을 틀고 "예쁘다, 잘 자라거라."하면서 키운 것과 음악을 틀어놓지 않고 "못난 놈, 나쁜 놈, 보기 싫다."라고 말로 구박하며 키운 것을 비교 해보니, 칭찬받은 것이 구박받은 것보다 훨씬 잘 자라더란다.

이 실험 결과로 볼 때 동물도 식물도 사람의 말도 알아듣고 감정도 있는 것 같다. 집에서 흔히 있는 일로 집에서 키우는 개도 주인을 알아보고 주인이 저를 사랑하는지 미워하는지 알고서 반응하는 것을 생각하면, 개에게도 의사전달이 잘되는 것을 알 수 있다. 나무들도 사람이 한쪽 편에서부터 베어나가기 시작하면 다른 나무들에게 벤다고 서로 의사를 전달한다고 한다.

해외에서 유학하고 있는 음악 학도인 외손녀가 '모차르트 피아노 협주곡 12번 A 장조 K414 '와 '베토벤의 월광 소나타'를 피아노로 연주하는 것을 들으면서 나는 크게 감동한 바 있다. 그 길고도 장중한 곡을 온힘과 정성을 다하여 쏟아 붓는 연주, 황홀하고 아름다운 음악에 가슴이 터질 듯 울렁거리고 끓어오르는 감정을 억제하지 못하고 나도 모르게 눈물을 흘리면서 들었다. 눈 먼 소녀를 위로하기 위하여 달빛에서 즉흥적으로 작곡해서 연주한 저 유명한 악성(樂聖) 베토벤의 월광 소나타로 인해, 듣는 나로 하여금 베토벤의 인간애와 위로와 희열에 일심(一心)으로 동참하는 마음이 되었다.

나는 음악에 깊은 조예는 없지만 '고향의 봄', '비극적인 삶', '비창', '나의 조국', '신세계에서' 등 여러 곡의 교향곡, 협주곡을 CD로 감상하였다. 아무도 모르게 서산마루에 떠올랐다가 수줍은 듯 빙긋이 웃음을 머금고 스러지는 실눈 같은 초승달, 눈과 비와 싸락눈과 바람이 한데 어울려 해안가 절벽에 휘몰아치는 파도 같은 마음의 격동, 어느 샌가 잠든 아가의 얼굴을 쓰다듬으며 다독이는 봄볕의 햇살같이 잔잔한 미소를 안겨주는 리듬과 선율, 남의 잘남에 시기하지 아니하고, 울고 싶으나 울지 않고 마음에 화초를 심는 곱살스런 마음씨, 얄미운 미소녀의 사랑에 빠진 채 자주고름 입에 물고 고개 숙이고 다소곳이 서 있는 그런 모습을 연상케 하는 황홀한 꿈속에 빠졌다고나 할까?

사람의 성격이 제각각이듯이 음악은 듣는 사람 역시 각자의 경험과 느낌에 따라 다를 것이다.…… 특히 표제음악이 아닌 경우.

세계적인 유명한 음악가의 생애를 보면 대부분 평탄한 삶이 아니었다. 어려운 고비와 고난을 넘어서 이혼과 독거와 병고와 외로움 속에서 끓어 오르는 열정, 쓰라린 고통, 솟아오르는 참회, 폭발하는 열정이 아니었더라면 저렇게 위대하고 고귀한 음악을 창출해 내지 못했으리라 생각한다.

최초에 신에게 바치는 종교음악을 기원으로 축제, 행진, 전투, 진군, 승전, 찬양의 발로로 시작하여 오늘날에 와서는 그 외에 인류 사회에서 인간정화, 사회정화를 이룩하고 아름다운 세계를 만드는 역할을 담당하고 있다 하겠다. 그리하여 인간행복과 직결되는 예술로서의 음악의 가치가 확고히 자리 매김된 것이리라. 기악으로 고차원적인 교향악 같은 음악은 전문가가 아니면 접하기 어려우나, 항간에서 흔히 쓰이는 대중가요는 우리 일상생활에서 누구에게서나 항상 애창되고 있다.

음악을 통하여 감정을 표현하고 정화하고 수용하는 아름다움을 발견하고 마음의 풍요를 만끽한다면 얼마나 좋을까. '만국의 공통어' 라고 하는 음악의 고귀한 가치를 새삼 느낀다. 사람이 모이는 곳에는 음악이 있게 마련이고, 즐거운 곳에는 환희에 넘치는 음악이 있고, 시작하는 곳에서는 약동하는 음악이 있으며, 슬픈 곳에서는 위로의 음악이 있고, 성공한 곳에는 칭찬하고 찬양하는 음악이 있고, 기도하는 곳에서는 찬미와 축원과 소망의 음악이 있다.

음악이 인간을 뛰어 넘어 살아있는 모든 생물에게까지 큰 영향을 주므로 좋은 음악은 세계평화와 인류행복을 위하여 한발 더 나아가 지구 생물의 평화를 위하여 필요 불가결의 한 요소임에 틀림이 없지 않은가 생각해 보는 것이다.

조용하고 한가로운 자연 속에서 맑은 공기를 마시면서 우리민족이 옛날부터 애창해 내려오는 노래를 목청껏 부르며 음악에 심취해 보고 싶은 마음이다.

72. 구습(口習)

아는 사람을 만나면 누구나 반긴다. 특히 친한 친구나 가까운 친척 친지를 만나면 더욱 반갑다. 손윗사람이면 존댓 말로 이야기 한다. 그리고 친구나 막역한 사이라면 숨김없이 마음 터놓고 흉허물 없이 이야기를 나눈다.

버스 승강장이나 역 대기실, 터미널 같은 곳에서 만나는 정다운 모습을 보면 그를 보는 누구나 마음이 흐뭇해짐을 느낄 것이다. 그러나 가끔 막역지우(莫逆之友)라 하여 상말을 하거나 욕설이나 저속한 말을 하는 것을 볼 경우가 있는데, 이는 친한 사이라 기분을 억누르지 못하여 허심탄회(虛心坦懷)하게 하는 말이라고 변명할지 모르겠지만 제 3자로서는 거북한 말로 들릴 수가 있다.

청소년들도 자기들끼리만 있는 자리에서는 상스런 말이나 욕설도 하겠지만 어른들이 있으면 하지 않는데, 가끔은 어른들도 친밀한 경우 상스런 말을 하는 것을 더러 보게 되면, 타인이 있는 자리, 손아랫사람이 있는 자리에서 어른들이 그렇게 할 때는 같은 어른으로서 면구스럽고 부끄러움을 느끼지 않을 수 없다.

나는 어려서부터 평생 부모님으로부터 "이 새끼, 이 자식, 이놈 저

놈" 소리를 듣지 않고 살아왔다. 내 부모님이 좋으신 분이시라 어느 누구에게도 욕설이나 상스런 언어를 쓰시는 경우를 볼 수 없었으며, 나도 자식들을 키우면서 "이놈 저놈, 이 새끼 저 새끼"란 말을 한 적이 없었다.

나이가 들수록 높여 보이고 모범이 되어야 하지 않겠는가? 막역한 친구 사이라도 사랑을 담고 아끼는 마음을 담아 존칭을 쓰고 좋은 언어를 쓰는 것을 보면, 좋게 보이고 주위 사람들도 마음이 스스로 흐뭇해진다.

일상 하는 말이라도 품위를 유지하면 좋다. 언어 속에 마음이 담겨 있고 인간 됨됨이가 들어 있기 때문이다. 점잖은 말과 점잖은 행동에는 어느 누구도 함부로 하지 못하고 얕보지 못하는 것이다.

싸우러 덤비려다가도 상대편이 응하지 않으면 싸움이 안 된다. "웃는 낯에 침 뱉으랴."는 속담이 이를 잘 알려준다. 밝은 세상을 만드는데 가장 큰 몫을 차지하는 것이 언행이다. 시내버스에서도 "어서 오십시오.", "안녕히 가십시오.", "수고 하셨습니다.", "좋은 하루 되세요.", "감사합니다."등 예사로운 것이라도 말하는 것과 말하지 않는 것은 큰 차이가 있음을 알아야겠다.

좋은 말은 많이 쓰고, 좋지 않은 언행은 되도록 삼가야 할 것이다. 좋은 말로 향기를 피우자. 그 향기가 전 세계 가득히 퍼지도록.

73. 길들이기

길에는 여러 가지가 있다. 사람이나 동물이 한곳에서 이동할 수 있는 길이나 배나 항공기가 일정하게 지나다니는 길이 있다. 또 사람으로서 마땅히 행하거나 지켜야할 도리로서 길도 있고 시간이나 공간을 거치는 과정, 즉 우리 민족이 걸어온 길과 같은 길도 있다.

사람이나 차마가 다니는 길은 되도록 곧게 그리고 평평하게 만들어 놓는다. 그래야 이용하는 데 편하기 때문이다. 짐승들은 먹이를 찾아 다니는데 한곳을 여러 번 다니다보면 길이 생기게 마련이다.

옛날에 차마가 없을 때에는 걸어 다녔다. 그리하여 마을에서 마을로 왕래할 때에는 논둑 밭둑 사이로 내왕하였으며 내왕이 잦아짐에 따라 길이 넓어지고 포장까지 하게 되고 다리를 놓고 터널을 뚫게 된 것이다.

사람으로서 해야 할 일, 인생을 살아가야 할 길은 바른 길이라 해, 도의 또는 도리라고 구별한다.

자금부터 몇 십 년 전만 하여도 농기계가 없어서 논밭을 가는 일이나 무거운 짐을 운반하는 일은 소나 말을 이용했다. 큰 소 한 마리는 여러 사람의 몫을 해냈다. 그 만큼 힘이 세기 때문이다. 일을 잘하기까지는 연습을 하는 '길들이기'라는 과정을 거치게 되는 것이다.

송아지가 태어나면 어미젖을 먹고 자란다. 차츰 풀 먹는 연습을 하여 3개월쯤 되면 젖을 떼고 '목매기'라해서 목에 고삐를 매서 끌고 다닌다. 그러다가 생후 6개월이 되면 코를 뚫어 코뚜레에 고삐를 매어 끌고 다닌다. 목매기 때는 아직 어려 힘이 세지는 못하지만 자람에 따라 힘이 세어져서 코뚜레를 하지 않으면 끌고 다닐 수 없어 사람 십여 명보다 힘이 센 소도 끌려 다니게 되어 있다. 그래서 사람들은 옛날부터 농사짓는 데나 짐 운반하는데 소를 이용하였던 것이다.

그리하여 코가 뚫린 소는 사람으로 말하면 소년기이다. 사람들은 소년기부터 어른들을 따라다니면서 농사일을 익히고 살아가는 법을 배우는 것이다. 소는 일 년이 지나면 제법 커서 '논밭갈이'에 이용하게 되는데 사람이 시키는 대로 논밭 가는 것을 길들이기라 한다. 적어도 일 년간쯤 지나면 잘하게 된다.

소를 길들이기 위해서는 '극젱이'를 쥐고 소를 모는 사람과 소를 앞에서 코뚜레를 잡고 끌고 가는 사람이 있어야 한다. 앞에서는 갈릴 길을 따라 소를 끌고 가야하고, 뒤에서는 극젱이를 눌러 밭을 갈면서 고삐로 소의 엉덩이나 옆구리를 쳐서 앞으로 몰게 된다. 소는 앞으로 끌고 가기가 힘드니까 자꾸 옆으로 빠져 나가려고 하기 때문에 앞에서 끌고 뒤에서 몰지 않으면 안 된다. 2년 정도 연습을 하면 길이 들어 사람의 말을 알아듣고 시키는 대로 하게 되는 것이다.

논밭갈이 하는 것을 소 부린다고 하는데 소 부릴 때에 쓰는 말이 있다. 지방에 따라 약간씩 다르나 대개 다음과 같이 한다. 빨리가기를 재촉하려면 "일이야"하고 소리 지르고 가다가 서라 할 때는 "워"하고 고삐를 오른 쪽으로 잡아당기면서 "이리로" 하고 쟁기를 돌려 되돌아가면서 땅을 간다. 더 빨리 재촉할 때는 "이러 쩟쩌쩌" 하면서 고삐로 소의 엉덩이를 매질하여 앞으로 가게 하는 것이다.

요즈음 사람에게도 '길들이기'가 있단다. 예를 들면 시부모 길들이기 새 며느리 길들이기, 남편 길들이기, 아내 길 들이기 등. 옛날에 며느리들은 시어머니로부터 혹독한 시집살이를 하였다. 잘 먹지도 못하고 입지도 못하고 쉬지도 못하고 오직 시가를 위하여 일만하는 노예같이 살았다. 낮에는 음식을 마련하고 옷을 만들고 밤에도 길쌈을 하고 바느질하며 온갖 집안일을 다하며 밤늦게야 눈을 붙이는 둥 마는 둥하다 새벽같이 일어나 방아를 찌면서 또 하루 일을 시작하니 마음대로 나들이도 못하고 옛날 며느리들은 길들이기에 가혹한 고생을 겪으며 살았다.

그러나 요즈음은 그와는 반대로 시어머니 길들이기도 있단다. 며느리가 편히 살기 위하여 결혼하면서부터 생활에서 일정한 한계를 그어놓고 저희들 뜻대로 해나간다는 것이다. 그러다 보니 요즈음 6,70대들은 젊어서는 과거에 시집살이로 고생을 해 왔고, 지금에 와서는 신식자식 며느리로부터 시부모살이로 숨죽이고 사는 사람도 더러 있는가보다.

신랑 길들이기나 아내 길들이기는 여필종부 봉건시대에서는 생각도 못했던 일이나 요즈음은 남녀 평등시대라 해서 더러 있는 것 같다. 그러나 서로 요구가 지나치거나 양보가 없다 보면 결혼이 파국을 맞게되는 경우가 있으니 이는 안타까운 일이다. 사람에게 있어 길들이기는 떠올리고 싶은 이야기가 아니다.

젊은이들이 결혼 상대자를 고르는데 과거에는 직장 인물 등을 우선했는데 요즈음은 직장 인물도 중요시하지만 자기를 이해하고 즐겁게 해줄 사람을 우선한단다. 부부 행복의 조건은 나를 즐겁게 해줄 이기적인 생각보다는 같이 즐겁게 공생하는 데에 초점을 맞추어야 하지 않을까?

살아가는 데 있어서 사랑이 30%요, 용서가 70%라야 한다는 것이다. 그만큼 이해와 양보가 필요한 것이다. 길들이기는 짐승에 있어서나 있는 일이다. 길들이기는 일방적이다. 강제로 억압해야 하므로 선택의 자유가 없고 오직 한 길뿐이다. 사람에게 있어서는 대화와 양보와 이해와 수용이 필요한 것이라 생각한다.

74. 6,160m의 빙벽

세계에서 가장 높은 산이 아시아 대륙의 남부를 달리는 히말라야 산맥 중에 있다. 아는 바와 같이 에베레스트 산으로 높이가 8,848m나 되는 이 산은 인도 북동쪽 네팔과 중국의 국경에 솟아 있다. 산맥은 총연장 2,400km나 되는 거대한 산으로 8,000m이상의 고봉들이 이 산맥 속에 군데군데 솟아 있어 세계의 지붕이라 일컫는다. 만년설로 일 년 내내 흰 눈이 쌓여있어 탐험과 정복을 꿈꾸는 산악인들의 마음을 끌고 있다.

8,000m 높이의 연 평균 기온은 섭씨 영하 20도이다. 1840년대 영국의 스트레이치와 커닝엄에 의해 티베트국경지대의 탐사가 있은 후 오늘날까지 수많은 탐험가들이 도전했으나 산세가 험난하여 정복하지 못하는 경우가 있으며, 수많은 산악인들이 목숨을 잃었다. 최고봉 에베레스트 산은 1953년 영국 등반대에 의해 최초 정복되었고, 우리나라는 1977년 고상돈이 처음으로 정복하였는데, 세계등정사상 14번째였으며, 1990년에 복진영 김재수 박창우 세 사람이 두 번째로 정복했다.

1998년 3월 21일 신문에 난 기사로 시각 장애인 김동암(43세)과 오현묵(28세) 두 사람이 히말라야 6,160m 아일랜드피크를 정복한 이야기다. 계룡산의 7배가 더 높은 산이다. 시력을 잃어 앞을 전혀 보지 못하는 이들은 국내에서 오랫동안 등반훈련을 통하여 강인한 체력단련과 등반요령을 체득하였다. 3월 7일 중학생 한상훈(15세) 등 이들 장애인 3명은 안전요원 5명과 함께 출국하여 현지에서 하루 10시간씩 혹독한 등반훈련을 마치고 여러 날 동안 등반하여 드디어 3월 20일 낮 12시 30분(서울 시각 3시 45분) 아일랜드피크 봉을 정복하였다.

높은 산에 오르면 가장 어려운 것이 산소부족이다. 호흡 곤란이 오고 영하의 추위와 눈과 바람 때문에 극히 어렵다. 빙벽을 쇠망치로 쪼아가며 올라야하고 여러 날 계속되는 등반 때문에 극도의 피로와 동상 그리고 눈사태로 인한 어려움을 이겨내야 한다. 일기가 좋아야 성공할 수 있기 때문에 여러 날 계속 날씨를 살피면서 조금씩 조금씩 정상을 향하여 텐트를 옮기면서 올라가야 한다. 그래서 산악인들은 생명을 걸지 않고서는 이러한 산을 정복할 수 없다.

오현묵 씨는 학교에서 일등을 놓쳐본 일이 없는 수재로 포항공대 화학과 2학년 때인 1989년 뜻밖의 베제트씨 병으로 시력을 완전히 잃어서 점자로 재활교육을 받고 있는 학생이다. 김동암씨는 4년 전 38세 때에 시력을 잃었는데 부인이 가출하여 노부모와 함께 아이를 키워오며 어렵게 살아가는 사람이다. 이렇게 앞을 못 보는 이들이 6,160m의 눈이 쌓인 험한 산을 정복했다는 것은 위대한 인간 승리임에 틀림이 없다. 능숙한 정상적인 산악인도 정복하기 어려운 이산을 앞 못 보는 이 들이 정복하고 태극기를 꽂았다는 것은 참으로 영웅적인 일이 아닐 수 없다.

우리나라는 IMF 이후 집을 나가 거리에서 헤매는 사람, 생활고에 못

이겨 자살하는 사람, 돈 때문에 강도 절도 살인하는 사람, 부모를 죽이고 자식을 죽이고, 보험금을 타려고 남편을 죽이고 아내를 죽이고, 참으로 끔찍스럽고 패륜적이고 무서운 사건들이 벌어지고 있으니 한심스러운 일이다.

영국 같은 나라는 기사거리가 없다하니 국민들의 문화수준이나 도덕성이 크기 때문이리라. 우리나라는 언제 사회가 안정될지? 요즈음 인명경시 풍조가 너무나 심각하다. 내가 살겠다고 어찌 남의 목숨을 빼앗겠는가? 내 목숨이 아까워 살겠다는 사람이 어찌 남의 목숨은 아깝지 않다는 말인가?

생명은 하느님으로부터 받은 것으로 내 마음대로 할 수 있는 것이 아니다. 아일랜드피크 정상을 정복한 장애인들의 인내와 의지로 우리가 살아간다면 이 세상 어떤 어려움도 이겨낼 수 있을 것이다. 세상을 살아간다는 것은 결국은 자기와의 싸움이다. 자기를 이기는 사람이 곧 사회에서 승리하는 사람이요, 남과의 싸움에서도 승리하는 것이다. 이 세상의 어떤 고통도 사실은 하느님께서 우리가 이겨낼 수 있는 정도의 것이며, 고통을 통해서 인내와 참 삶의 가치를 알게 함이요 기쁨과 환희를 맛보게 함이다.

하느님께서는 우리가 이기지 못할 고통은 주시지 않는다는 것을 스스로 깨달을 때 어려움을 이겨나갈 수 있다고 생각한다.

75. 제 모습 사진관 앞에서

어느 거리를 지나다가 '제 모습 사진관'이라는 간판이 보였다. 사람들은 사진이 자기 본모습보다 잘 나왔을 때 좋아한다. 누구든지 못생겼다는 말을 듣기보다는 '잘생겼다' '훌륭하다'는 말을 듣는 것을 좋아한다.

제 모습 사진관, 그것은 있는 그대로 사진이 나온다는 뜻을 강조한 사진관이라는 말이다. 어쩐지 한번 들어가 찍고 싶은 사진관이다. 사람들은 자기를 있는 그대로보다는 좋게 보이기를 선호한다. 완전함보다는 부족함이 있기 때문이리라.

정오 선악 미추를 분별하지 못하는 어렸을 때는 노출에 부끄러움이 없이 느끼는 대로, 보이는 대로 말하고 행한다. 그러나 나이가 들어 사리를 분별하게 되면 허식과 위장, 과장을 하여 본모습을 드러내지 않는다.

어른들은 누구나 천진난만한 아이들을 좋아한다. 아이들은 자기보다 더 작고 더 어린아이들을 좋아한다. 자기보다 나은 사람에게서는 두려움이 있고 위축이 되지만, 자기보다 약한 사람에게서는 동정심이 생기고 연민이 일어나서 시기하지 아니하고 질투하지 아니하고 시비를 따지지 아니하고 조건 없이 좋아한다. 강아지를 좋아하는 것도 이와 같은 것이다.

그래서 예수님께서는 꾸밈없고 진솔한 '아이와 같이 되지 아니하면 하늘나라에 들어가지 못 한다.'고 하지 않았던가? 부모로부터 태어날 때의 모습이 자기 원 모습인데 남에게 예뻐 보이려고 성형수술 하는 것을 가끔 본다. 눈을 뒤집어 까 눈꺼풀을 만들고 코를 높이고 턱을 깎는 등 눈 코 입에 칼을 대어 본 모습을 변형시킨다. 요즈음 멀쩡한 사람들이 병원비 과다를 논하지 않고 많은 돈을 들여 성형외과로 간다. 수술을 잘못하여 그 부작용으로 뜻하지 아니한 고생을 하기도 한다니, 이는 하느님께서 잘 만들어주신 뜻을 어기는 잘코사니가 아닌지 모를 일이다.

돼지는 새끼를 한 번에 여러 마리 낳는다. 여러 마리를 키우는 양돈 농가에서 같은 날 낳은 다른 새끼를 다른 어미에게 붙여 주었단다. 사람은 어미 다른 새끼를 구별할 수 없는데 어미 돼지들은 여러 마리 새끼 중에서 남의 새끼를 알아보고 젖 먹으려 덤비는 다른 새끼를 물어 죽이더란다.

사람도 자식을 낳아보면 아버지를 닮은 자식, 어머니를 닮은 자식, 양쪽을 부분적으로 닮은 자식, 또는 닮지 않은 자식도 있다. 다 같은 자식이지만 자기를 닮은 자식을 좋아하는 사람도 적지 않다. 내 못생긴 얼굴을 보며 '어머니 왜 저를 낳으셨나요?' 원망하며 성형외과에 가는지도 모르겠다.

동물들은 본능적으로 종족 번식 욕이 대단하다. 번식기가 되면 짝짓기를 하려고 온갖 힘을 다하여 짝을 차지하려고 목숨을 걸고 싸우기도 한다. 종족번식의 본능이지만 잘생겼든 못생겼든 자기 새끼를 목숨을 걸고 보살핀다.

하느님께서는 우리를 각기 다른 모습으로 태어내주셨지만, 내 눈엔 못생겨 보일지도 모르지만, 필요한 작품으로 세상에 내놓으셨는데 우리 각자 마음대로 바꾸려고 칼을 대니 이래도 괜찮은 건지 모르겠다. 하느님의 뜻을 저버리는 일은 아닌지?

성형수술을 잘못해서 부작용으로 고생을 하거나 본모습보다도 오히려 못하고 많은 수술비를 아까워하는 사람도 있다. 수술 후는 본래 모습이 아니라 평소 알고 지내던 사람이 잘 몰라보기도 한다. 눈을 쌍꺼풀로 만들고 납작코를 오뚝하게 높인 여자가 있었다. 모습이 전혀 달라졌다. 전에 알고 지내던 사람이 몇 해 만에 만났다. 처음엔 알아보지 못했는데 이야기를 나누고야 알게 되었다.

얼굴이 뛰어난 미인은 아니지만 남이 볼 때에 그런대로 매력 있고 예쁜 축에 들어가는 편이다. 예쁜 사람을 보면 샘이 나서 견딜 수가 없었단다. 그래서 자기도 더 예뻐지려고 눈 쌍꺼풀을 만들고 코도 더 세우는 성형수술을 했단다. 오랫동안 고생도 하고 돈도 많이 들었지만 단단히 결심을 하고 단행했단다. 황혼길에 들어선 나이지만 요즈음 백세 수명 시대에 몇 십 년 살 수 있겠지 생각하고 여생을 즐겁게 살자고 했던 것이다. 수술 결과 만족하게 생각했는데 사람들은 예뻐 좋다고 하는 사람도 있고 다른 사람으로 보여 잘 모르겠다고 하는 사람도 있었다.

그녀가 20대일 때의 이야기다.

"제 선배 중에 예쁜 애들은 인기가 좋고 남자들이 줄줄 따르고 취직도 잘 된대요. 그래서 나도 장래를 생각해서 미리 성형수술을 하고 싶어요."

"아니 네 얼굴이 어때서? 네 얼굴은 그만하면 예쁘단다. 딴 생각 말아라."

"아니예요. 눈 쌍꺼풀하고 코를 조금만 높이면 참 좋겠어요."

"아니다. 네 모습 정도면 충분하다. 안 하니만 못할 수도 있으니 지나친 욕심 부리지 말고 그대로 살아라. 우리 예쁜 공주야."

그렇게 부모의 반대에 부딪혀 실행을 못하고 그럭저럭 반백년을 살아왔다. 이제는 자식들도 다 키워 분가시키고 황혼 길에 들어선 나이지만 백세 수명시대에 앞으로 몇 십 년 더 살 수 있으니 이제는 내가 하고 싶은 쌍꺼풀과 코도 높여 남부러워하는 미인으로 살 수 있다 생각하고 수술을 했단다. 수술 후 처음 만난 사람들은 자기를 알아보지 못하는 것이었다. 본인은 내가 ○○라고 말했지만 수술로 다른 보습으로 변했으니 알아보지 못할 수밖에…….

자기는 좋다고 했는데 좋다고 말하는 사람도 있고 다른 사람으로 보여 좋지 않다고 하는 사람도 있었다. 본래 타고난 모습으로 살아가야지 않느냐 말이다. 자기를 알아보지 못하는 사람이 많고 보니 밖에 나가고 싶지 않게 되더란다.

얼굴 모습은 바꿀 수 있지만 그 목소리와 마음까지 바꿀 수 있을까? 인간이 잘되고 못되는 것은 외모에 있는 것이 아니라 그 인간 됨됨이에 있는 것이리라. 제 모습 사진관을 지나면서 참모습이 무엇일까 생각해본다.

잘생기지 못했을지라도 있는 그대로 내놓고 열린 마음으로 살아가는 사람, 장애인으로 남의 시선에 아랑곳하지 않고 그 불편을 감내하며 열심히 살아가는 사람, 그리고 멀쩡한 사람이 그 장애인의 수족이 되어 멸시와 천대를 무릅쓰고 사랑으로 일생을 살아가는 사람, 참으로 제2의 예수님이라 하지 않을 수 없다. 허위 허식과 위선 위장을 치고 살아가는 부류의 인간들을 보고 주님께서는 무어라 하실는지…….

50년대 말 고등학교에 다닐 때의 일이다. 당시는 깡패들이 득세하고 깡패클럽을 조직하여 학교 간, 클럽 간 세력다툼을 일삼으며 거리를 주름잡고 다니던 시절이었다. 처음에는 착한 사람이었는데 깡패클럽에 가담하더니 날이 갈수록 변하기 시작하였다. 주먹을 휘두르고 친구들을 때리고 괴롭히는 일을 일삼았다. 눈이 시뻘겋게 변하게 되었고, 눈매는 항상 화가 나있는 무서운 모습으로 변하여 언제 어디서 누구나 마주 보기가 무서워 눈길을 피하게 되었다.

전문가들의 말에 의하면 악한 마음을 항상 지니고 악한 일을 일삼으면 모습이 험상궂게 되고 눈꼬리가 변한단다. 마음이 착하고 너그럽게 가지면 오랜 세월이 흐를수록 얼굴 모습이 온화하게 바뀌어 간단다. 남을 헐뜯기를 일삼고 매사를 괴팍하게 파고들며 부정적으로 몰아가고 다투기를 일삼으면 얼굴모습이 험상궂고 무섭게 변해간다고 한다. 사람의 모습은 그 언행에 따라 변한다는 말이다.

외모에 칼을 대어 바꾸기보다는 하느님께서 주신 본모습에서 아름다움과 창조의 뜻을 발산할 수 있도록 마음을 수술해야 하지 않을까? 어떤 일에도 흥분하지 않고 자제하며 항상 너그럽고 온화한 마음으로 남을 포용하고 함께하는 생활이 몸에 밴다면 얼굴이 좋은 모습으로 변해갈 것이다.

'얼굴만 예쁘다고 여자냐? 마음이 고와야 여자지' 라는 노래가 있다. 가장 예쁜 것은 첫째는 마음이 고와야 하고, 두 번째는 모습이 예뻐야 하고, 다음은 건강미가 넘쳐야 하는 것 같다. 마음씨가 고우면 가까이 하고 싶고 사랑하고 싶지만 마음씨가 곱지 않으면 가까이 하고 싶지 않은 것이 인지상정이다. 잘 생겼거나 못 생겼거나 부모님을 통해서 하느님께서 쓸모 있는 인간으로, 필요한 모습으로, 이 세상에 보내셨으니 어찌 우리가 마다하랴. 이를 마다하고 눈썹을 뒤집고, 코를 높이고, 턱뼈를 깎고 나 혼자 좋아할 것인가?

내 모습 그대로 부모님과 하느님께서 주심에 감사하고 새빨간 장미보다, 새하얀 백합보다 더 예쁘고 향내음 물씬한 마음의 꽃을 가꾸어야 할 것이 아닌가? 하느님께서 이 세상 모든 것을 창조하시고 "손수 만드신 모든 것이 참 좋았다."(창세기 1:31)라고 하셨다.

76. 노랑대가리

60년대 이전 우리나라 시골에서는 난방이나 음식을 만드는데 나무를 유일한 연료로 썼다. 그래서 추수가 끝나는 늦가을부터 이른 봄 까지는 봄, 여름, 가을까지 쓸 연료를 장만하여 집둘레에 쌓아놓았다.

방은 온돌방으로 부엌에서 아궁이에 불을 때서 음식을 만들어 먹고 연기와 화기가 방고래를 지나 방바닥을 데우고 마지막으로 굴뚝을 지나 연기가 공중으로 날아간다. 불을 땔 때 부주의로 화재가 나기도 하지만 겨울에는 뜨뜻한 방바닥에서 뒹굴뒹굴 잠을 잤다.

마을마다 큰 집은 사랑채가 있어 남자들의 모임방으로 우천 시 일을 못하는 날이나 저녁에 모여 짚으로 짚신을 삼고 멍석, 삼태기 등을 만들고 새끼 꼬기, 가마니 치기 등 짚일을 하면서 정보와 소식을 나누고 옛날이야기 등으로 이야기꽃을 피워오고 정을 나누며 살았다. 밤이 늦으면 고구마도 쪄내고 동치미를 내와 맛있게 먹으면서.

그래서 시골은 겨울에도 바쁘게 지냈다. 집집마다 나뭇간이나 헛간에 겨울동안 땔 나무를 마련하여 쌓아놓았다. 산에 나무가 많지 못하여 벌거숭이가 되고 비가 오면 산사태가 나고 장마 때에는 홍수가 났으며 가뭄에는 물 부족으로 농사짓기에 어려움이 많았고 식수난을 겪

기도 하였다.

어린이부터 어른까지 온 가족 모두가 바빴다. 딸들은 부엌에서 어머니를 도와 음식거리를 다듬고 씻어 음식을 만들고 남자 아이들은 논밭에 나가 아버지를 도와서 논밭 일을 하고 집짐승 먹이주기, 아궁이 불 때기 등을 하였다.

추운 날에도 아궁이 앞에서 불을 때면 일어나고 싶지 않다. 50년대 내가 초등학교에 다닐 때 청소년들은 머리를 중(승려)처럼 삭발을 했고 소녀들은 단발머리를 하거나 길게 길러 땋아 내렸다. 소년들은 불 때다가 머리털을 불에 그슬려서 머리카락이 노랗게 되면 노랑대가리, '불쪽제비'라고 놀려댔던 기억이 지금도 새롭다. 아궁이불에 감자나 고구마 밤 등을 구어 먹다가 그 구수하고 단맛에 머리 그슬리는 것도 몰랐으니 말이다. 불을 때고 난 후는 나무를 치우고 화로에 불을 담아 방에 갖다놓고 불씨를 없앴다. 초가집이 대부분이었으므로 불조심이 대단히 중요했다.

요즈음은 기름, 가스, 전기보일러를 설치하여 화목을 사용하는 집이 거의 없다. 임목이 쓰임새가 별로 없어 수종갱신으로 벌채하여도 처치가 곤란하니 벌채한 수목을 재활용하는 노력이 필요하다고 생각한다. 스위스는 산악국으로 산지비율이 우리나라와 비슷하나 경제적으로 부유하면서도 자연보호와 자원절약을 위하여 난방을 벽난로에 화목을 사용하고 있어 집집마다 쌓아놓은 화목을 많이 보았다. 전기도 수력발전으로 넉넉하면서도 에너지 절약과 자연보호를 위해서라니…….

지금 우리나라는 도시건설, 택지조성, 공장건축, 목재가구나 상자 폐기물, 건축폐기물, 그리고 입목간벌, 가지치기, 수종갱신 등으로 산야나 공한지에 버려지는 임산물이 너무나 많아 처치곤란이다. 이러한 임산물을 주택난방, 병원, 목욕탕, 공공건물, 아파트 난방용으로 용이하게 사용할 수 있도록 시설개선 지원, 운송인건비 지원, 다각적인 활용방안 연구를 하여 시책을 펴나간다면, 다소나마 유류절약 뿐만 아니라 자원절약, 환경오염방지, 소비절약 등 일석이조, 삼조의 효과를 거둘 수 있으리라 생각한다.

버려지는 자원을 활용할 수 있도록 관계기관의 적극적인 연구노력과 다각적인 시책수립을 촉구하고 싶다. 우리 집은 방 한 칸을 나무를 때는 온돌방으로 만들었다. 겨우내 화목으로 불을 때면 따듯해서 겨울나기에 좋고 기름 절약하여 좋다. 화목은 건축폐기물로 구하기에 어려움이 없다.

겨울에 손자 손녀들이 오면 아궁이에 불을 때고 '감자 고구마 구워 주세요.' 한다. 불을 때고 구워주면 호호 불며 오물오물 맛있게 먹는 귀여운 모습을 말로 어찌 표현하랴. 앞산 뒷산의 나무에 눈꽃이 하얗게 피는 날 손자 손녀들이 아궁이 앞에 옹기종기 모여 앉아 고구마 구워 호호 불면서 맛있게 먹는 모습이 보고 싶어 겨울이 기다려진다. 우리 손자들의 '노랑대가리'가 보고 싶어진다. 울창한 나무를 우리와 함께 무럭무럭 자라도록 햇빛과 비를 주시는 하느님을 찬양하면서.

77. 산새알 물새알

지난 해(2003년) 봄이었다. 정원을 꾸미고자 동글동글한 자갈을 주우러 집 앞 냇가로 갔다. 이곳저곳 다니며 돌을 고르다가 메추리알과 비슷한 알록달록한 알을 돌과 모래 사이에서 발견하였다. 귀엽고 어여쁜 알이었다. 자연의 오묘한 신비를 체감하며 그 알을 들여다 보고 있으려니 어디서 왔는지 어미 새 두 마리가 '삘룩삘룩' 소리 지르며 내 주위를 돌아다니는 것이었다. 내가 어렸을 때 흔히 보아서 아는 종달새로 몇 십 년 만에 보는 종달새였다. 시내 복판을 벗어나 한적한 자연보호지역으로 이사 온 후 얼마 만에 처음 보니 참으로 귀엽고 반가웠다.

호기심에 새알을 주워올까 하다가 제 알을 해칠까봐 삘룩삘룩 안달하며 빙빙 돌아다니는 어미 새를 보고 얼른 그곳에서 물러나왔다. 멀찍이 서서 보니 새 두 마리가 알을 빙빙 돌고 있었다. 암수 부부로 짐작되었다.

그로부터 나는 날마다 하루에 한 차례씩 그곳에 가서 알이 이상이 없는가를 살폈다. 이렇게 10여 일이 지났는데 알이 없어졌다. 알이 언제 아기 새로 태어날까 기대하면서 생명을 기원했으나 갑자기 보이지 않다니 안타까운 심정을 어찌할 수 없었다. 알록달록한 그 조그만 종달새 알, 그 생명의 탄생을 기대하며 그 주위를 떠나지 않던 그 부부 종달새, 그날도 그 주위에서 돌아다니고 있었다. 그 누가 그 무엇이 알을 없앴을까? 이곳 새알을 아는 사람은 우리 부부밖에 없는데 이 어찌된 일인가? 알이 부화하였다면 아기 새가 있을 것이고 바로 날아갔다면 알껍데기라도 있을 것이 아닌가? 아무 흔적을 발견할 수 없었다.

그로부터 며칠 후까지도 한 쌍 어미 새는 알이 있었던 그 주위를 '삘룩삘룩' 울면서 다니는 것이었다. 미물이라고 하지만 알을 잃고 처절하게 울며 떠나지 못하는 그 어미 새 한 쌍이 가엾은 생각을 떨칠 수가 없었다. 그 무엇이 어미 새의 마음을 저렇게 쓰리게 만들었을까?

아침에 일어나면 날마다 집둘레, 논밭, 냇가, 과일나무 채소를 돌아보며 '밤새 안녕' 인사를 한다. 종달새 알이 없어진 후 며칠이 지났다. 채소밭에서 날지 못하고 기어가는 장끼 한 마리를 발견하였다. 달려가 손으로 잡아보니 다리가 줄에 묶여 부러져 있었다. 어찌하여 장끼가 그곳에 와 있는지 모르지만 벌떡 뛰어오르면서 날개를 펴야 날아갈 수 있는데 뛰어오르지 못하니 날 수가 없어 내 손에 잡힌 것이다. 먹지도 못하여 죽음 직전의 상태였다.

나는 비닐하우스 한구석에 쌀과 콩을 한줌, 그리고 물을 놓아주고 합판으로 가려주었다. 꿩을 살려 자연으로 돌려보내고자 동물 병원으로 가서 부러진 다리를 치료하고 처방약을 사가지고 왔다. 수의사 말이 최선을 다해 치료했으나 살고 죽는 것은 알 수 없으니 집에 가서 약과 먹이를 주면서 치료해보라는 것이었다.

나는 집에 와서 먹이를 주고 약을 주사기에 넣어 꿩의 입을 벌리고 주입시켰다. 오후에 보니 꿩이 죽어 있었다. 잘 살려서 산야로 돌려보내려고 병원까지 다녀왔으나 내 계획은 실패였다. 약을 살펴보니 먹을 약과 바를 약을 반대로 사용한 것이었다. 그러니 죽을 수밖에. 꿩을 붙잡았을 때 이웃사람들은 술안주 하자고 하였으나 그 유혹을 뿌리치고 살려보려고 한 일이었다.

나는 오성(이항복)과 한음(이덕형)이 어렸을 때 일화가 생각났다. 참새 새끼를 둘이서 가지고 놀다가 죽으니 오성과 한음이 참새 무덤을 만들어주고 조사(弔辭)를 한 이야기다. '여유아이사고 곡지(汝由我而死故哭之) 네가 나로 인하여 죽었으니 이에 나는 곡하노라.' '어이어이' 곡 하였단다. 나는 오성과 한음의 심정으로 뒷산에 묻어주었다. "계집 죽고 자식 죽고……" 나무 위에서 비둘기가 슬피 울고 있었다. 꿩의 죽음이 안타까워 조곡하는지?

신라 진흥왕 하(下)에 이사부가 대가야를 정복할 때 사다함은 15,6세 어린 나이의 화랑으로 귀당비장의 직책을 가지고 출정하여 공을 세웠는데, 그가 지은 청조가(青鳥歌)가 있다. 승전하고 사우(死友) 두 무관랑이 병사하자. 7일 동안 통곡하면서 부른 노래다.

파랑새야, 파랑새야,
저 구름 위의 파랑새야,
어찌하여 나의 콩밭에 머무는가.
파랑새야, 파랑새야,
어찌하여 다시 날아들어 구름 위로 가는가.
이미 왔으면 가지 말고
또 갈 것을 어찌하여 왔는가.

아씨시의 성 프란치스코는 자연을 깊이 사랑하였다. 모든 자연은 하느님이 창조하셨기 때문에 식물과 동물 그리고 흙과 공기와 물 모든 자연물은 하느님의 피조물로 다 같은 하느님의 자손인 한 형제다. 그러므로 형제적인 사랑을 실천하라고 하였다. 그리하여 그는 오늘날 전 세계 자연보호의 수호성인으로 정해진 것이다. 저 유명한 프란치스코 성인의 태양찬가는 너무나 아름답고 사랑이 넘치는 찬미가로, 프란치스칸 가족들이 즐겨 부르는 노래다.

종달새 모성애를 보며, 그 미물만도 못한 우리 인간들을 생각해 본다. 요즈음 생명경시 풍조가 만연하고 성도덕 부재로 아무렇게나 성을 남용하고 자식을 낳아 그 죄 없는 핏덩이를 쓰레기통에 버리는 매정한 인간들의 뉴스를 접하며.

이런저런 생각을 하며 올해에는 산새들이라도 안심하고 알을 낳고 새끼를 키울 수 있도록 새집을 일찌감치 정성껏 만들어 뒷산 나무에 10여개를 매달아 놓았다.

앞으로 앞 냇가에 해마다 그 종달새가 와서 알을 낳아 부화하고 또 뒷산에 매달아 놓은 새집 속에 멧새가 알을 낳아 새끼를 잘 기르라고 기원하면서.

78. 발 씻기며 제자 사랑 다짐

올해(2005년) 봄 신입생 입학식에서 대구 하남초등학교에서 이동원 교장은 신입생 각반에서 결손가정 한 사람씩 선정하여 발을 손수 씻겨주고 재학생은 담임교사가 생년월일이 가장 빠른 학생 한 사람을 대표로 발을 씻겨 주었단다. 선생님들이 엄마와 다름없는 사랑을 아이들에게 베풀고자 해서란다.

사랑이 메말라가는 현실, 백년대계 사람을 길러내는 교육 현장에서 참 교육을 지향하고 교권을 회복하고 조직폭력을 뿌리 뽑고, 왕따를 없애는 계기가 되기를 바라는 마음 우리 모두의 소망이리라.

우리 삶에 있어서 기간되는 덕목은 사랑이다. 모든 것이 사랑이라는 터에서 이루어져야 잘 자라서 좋은 열매를 맺게 된다고 생각한다. 교육에서야 말할 나위 없지만 물질주의, 상업주의, 경쟁주의가 판치는 세상에서 한 가닥 밝은 소식이다.

누구나 자식이 잘 되기를 바라지만 첫째로 본인 자신에게 달려있는 것이다. 잘 배우고 자라면 본바탕이 올바르게 되어 잘 되는 것이지 우연한 기회나 요행수가 좌우할 수는 없는 것이다.

요즈음 사회현상으로 교원들이 불신을 당하고 학생들마저 선생님에게 폭행을 가하며 선생님을 믿지 않는대서야 선생님의 가르침이나 지시가 먹혀 들어갈 리가 없다고 생각한다.

담임선생이 좋으면 그가 가르치는 학과도 좋아하게 되고 그의 말을 잘 따르게 되는 것을 흔히 본다. 담임이 마음에서 벗어나면 학교도 싫고 그의 가르침도 귀에 들어가지 않고 미워하기도 한다.

내가 초등학교 시절 8.15해방 직후다. 그때는 큰 냇물에도 교량이 없고 징검다리를 건널 때마다 비가 많이 와 냇물이 불면 책보와 옷을 머리에 올려 묶고, 힘세고 큰 언니들이 한 줄로 앞장서서 팔을 잡고 물 흐르는 쪽 대각선 방향으로 내려가면서 건너던 때다.

떠내려가는 아이도 있었는데 선생님들이 그 냇물에 와서 마침 떠내려가는 아이를 보고 냇물로 용감하게 뛰어들어 구해 준이야기다. 그 선생님의 용기와 사랑을 지금도 잊지 못하고 가끔 이야기한다. 지금은 고인이 되었지만. 또 어떤 선생님은 너무 무서웠던 분이다. 하찮은 잘못을 가지고도 매우 심한 벌을 주고 매를 맞은 기억이 있다. 물론 우리가 잘 하라고 그랬겠지만 이해와 관용과 사랑이 좀 부족했던 이야기다. 그래서 그 좋지 못한 인상이 지금도 남아있다.

신뢰가 있어야 한다. 믿음이 있어야 한다. 사랑이 있는 곳에 믿음이 뿌리 내리고 신뢰라는 열매가 맺는 것이다. 사람의 육신은 음식을 먹고 자란다지만 영혼은 사랑을 먹고 정성을 먹고 진실을 먹고 자라는 것이다.

엄마가 어린 자식의 발을 따뜻한 물로 정성껏 씻겨주듯 선생님이 제자의 발을 씻겨주는 마음으로 어루만져주는 교육이라면 아이들이 얼마나 고운 마음으로 잘 자라겠는가?

옛날에는 종이나 하인들이 주인의 발을 씻겨 주었다. 세족례(洗足

禮)는 성경에 예수께서 마지막 만찬 때에 제자들의 발을 씻겨주면서 “너희도 세상에 나가 이렇게 하여라.”고 모범을 보여준 것을 성당에서는 성 목요일 밤에 시행하고 있다. 발을 씻어주는 종처럼 자신을 낮추고 사람을 상전처럼 대한다는 것이다.

요즈음의 학교가 예수님의 세족례를 본받아 대구 하남초등학교처럼 선생님들이 학생의 발을 씻어주는 데에서부터 시작하여 지극한 사랑과 봉사로 학생들을 가르친다면 교육이 제대로 되고, 선생님들이 존경받게 되고, 학생들은 바르게 자랄 것이 아니겠는가?

이것은 학교의 스승과 학생 사이에서만 이루어질 것이 아니라 온 사회 각계각층에서 이러한 정신으로 서로 아끼고 존중하며 살아갔으면 좋겠다고 생각하며, 일회성 행사가 아니라 생활 전반에서 지속됨이 어떨까? “하늘나라가 그들의 것이다.”(마태5.3) 그렇습니다.

79. 어린 새끼 돼지를 잡다니

불우 이웃이나 생활이 어려운 지구촌 사람들을 도우려고 돼지(저금통) 한 마리를 키우기 시작했다. 쥐꼬리 만한 연금으로 살아가는 연금수급자 생활이라 표날 만한 일은 어렵다고 생각한다. 그렇지만 나보다도 더 어려운 이웃들을 생각할 때 푼돈이라도 모아보자고 마음먹었다.

외출했다 집에 오면 동전이 생긴다. 동전이라도 모두 모아보자고 돼지 저금통을 마련하였다. 외출하면 동전이 생기지만 집에 있으면 돼지를 키울 수가 없다. 요즈음은 집에 있는 날이 많으니 돼지가 잘 크지 못한다. 목돈지출이 자주 생겨서 푼돈도 여유가 없다. 돼지를 키우기는 고사하고 자라지 못한 어린 돼지도 잡아먹게 되었다. 하다 못하여 부득이 돼지 등에 구멍을 넓혀 필요한 만큼을 꺼내게 되었다.

한참 실랑이를 하여 돈을 꺼내고 돼지 얼굴을 보니 찡그리는 것 같이 보였다. 돼지가 죽을세라 발버둥 치며 "꽥……. 꽥……." 비명을 지르는 것만 같았다.

어렸을 때 시골에 살면서 잔칫집에서 돼지 잡는 것을 가끔 보았던 생각이 떠오른다. 얼마나 아프고 슬픈 비명이었던가.

산 돼지가 아니고 플라스틱 돼지지만 눈물을 흘리고 발버둥치며 소리치는 것 만 같았다. 어려운 이웃들을 위해 돼지를 기르겠다고 마음먹었는데……. 기르기도 전에 어린 돼지를 잡아먹다니……. 이제는 다시는 잡는 일이 없도록 하고 꺼낸 것의 배로 넣어야지…….

지금도 돼지 저금통을 볼 때마다 꽥꽥 소리가 연상되기도 하고 한편으로는 돈을 넣을 때 좋아서 꿀꿀 거리며 먹는 모습, 토실토실 살진 모습으로 보이기도 한다. 아프리카 말라위, 모잠비크, 잠비아, 남수단, 에티오피아 등의 나라나 아시아의 인디아, 스리랑카, 파키스탄, 베트남, 캄보디아, 미얀마, 북한 등 여러 나라가 매우 어렵게 살아가고 있다.

우리는 천원 이하의 동전은 하찮게 여기지만 가난한 나라에서는 우리 돈 천 원이 작은 돈이 아님을 인식해야 한다. 우리도 지난 5,60년대만 해도 식량이 떨어지고 생활필수품이 없어서 얼마나 비참하게 살았던가. 풀뿌리를 캐먹고 산채로 배를 채웠던 그때를 잊을 수가 없다.

지금도 국민소득 100달러가 못 되는 나라가 많다. 우리나라는 6.25 전쟁을 겪고 잿더미 위에서 온 국민이 함께 일어서서 밤을 낮 삼아 피땀으로 한강의 기적을 일으켜 오늘에 이른 것이 아닌가? 오늘 날 전 세계가 우리의 발전을 경이의 눈으로 보며 찬탄하고 있는 것이다. 우리는 앞으로도 지난날의 뼈저린 아픔을 잊지 말고 굶주림과 질병 속에서 허덕이는 불우한 전 세계 인류를 외면해서는 결코 안 되리라.

6.25 당시 필리핀이나 에티오피아 같은 나라는 어렵게 살면서도 우리나라에 파병을 하고 원조해 주었다. 오늘날도 그들은 경제적인 어려움 속에서 허덕이고 있다. 그때 우리가 배고플 때 집 없이 살 때 도와준 세계 각국의 구원의 손길이 그 얼마나 고마웠던가?

우리 돈 일,이백 원이 아시아, 아프리카 가난한 나라에서는 하루 식량이 된다니 세계 굶주리는 20억 인류에게 우리가 수수방관해서는 아니 될 일이다. 우리는 각종 모임에서 회식할 때는 음식을 지나치게 마련하여 먹고 남아 버리는 경우가 흔하다. 우리 한국의 버리는 음식 가지고도 북한의 식량난을 해결할 수 있다니 안타까운 일이다.

지금 이 시각에도 얼마나 많은 인류가 굶어 죽어 가는데 우리는 이렇게 흔전만전 먹고 있으니 말이다. 우리 먹거리는 하느님께서 전 인류는 물론 다른 동식물까지도 골고루 잘 먹고 잘 살라고 햇빛과 공기와 물을 통해서 마련해주는 선물인데 나만이 혼자 배불리 먹고 쌓아놓고 있으니…….

우리 대전 교구에서는 몇 해 전부터 한 끼 100원 나눔 운동을 계속해오고 있다. 한 끼 100원은 아주 적은 돈이지만 참 좋은 뜻으로 모음 운동을 실시하고 있다. 요즈음 교구보 일면에 나오는 사랑의 체감온도가 40도를 넘지 못하니 이 어찌할 일인가?

교구 모든 신자들에게 자성을 촉구하고 싶다. 100도가 되려면 멀었으니, 그래도 신자라고 할 수 있는가, 반문하고 싶다. 하찮게 생각하는 것이 우리 교구 교우들의 잘못이다. 작은 돈이지만 교구 교우들이 조금만 관심은 둔다면 큰돈이 되어 이웃돕기에 유효하게 쓰이리라.

천국에 가려면 저금통장을 여러 개 마련해야 할 것 같다. 희생통장, 봉사통장, 사랑통장, 겸손통장, 인내통장, 극기통장, 기도통장 등.

"내가 굶주렸을 때 먹을 것을 주었고, 목말라 할 때 마실 것을 주었고…….너희가 내 형제들인 가장 작은이들 가운데 한 사람에게 해준 것이 바로 나에게 해준 것이니 영원한 생명을 누리는 곳으로 가라. 악인들에게는 너희가 가장 작은이들 가운데 한사람에게 해주지 않은 것

이 곧 나에게 해준 것이 아니니 영원한 벌을 받는 곳으로 가라."(마태오 25:31~45)

| 작품해설 |

독실한 신앙인의 오롯한 외침

—김진태 수필집 『너와 나는 하나다』를 읽고

문학평론가 **리헌석**

(사) 문학사랑협의회 이사장

1. 산태고 김진태 수필가는?

산태고 김진태(니꼴라오) 수필가는 평생 초등학교 교육자로 근무하고, 가톨릭 신앙 안에서 희생적으로 봉사한 분입니다. 1938년 12월 29일 충청남도 공주시 신풍면 조평리 빈농(貧農)에서 출생한 선생은 초등학교가 없는 지역이어서 학력을 인정하는 '고등공민학교'를 졸업합니다. 중학교 진학을 하지 못한 선생은 그 과정을 검정고시로 대신합니다. 이어 당대의 수재(秀才)들만 입학하는 '공주사범학교'와 한국방송통신대학 졸업은 선생의 삶에 두 가지 큰 의미를 갖습니다.

첫째는 초등학교 교육자로서의 삶입니다. 고향에 있는 대룡초등학교에 부임한 선생은 제자들의 발을 씻겨줄 정도로 희생적 교육자상을 실천합니다. 공립학교 교사여서 여러 학교로 전근을 다니면서도 어린이에 대한 사랑의 실천은 변함이 없었습니다. 충남에서 근무하던 선생이 대도시인 대전에서도 근무하고, 인사 발령에 의해 다시 충남의 학교로 전근하였으며, 또 다시 대전의 진잠초등학교로 옮기면서 변함없이 어린이 사랑에 헌신합니다. 이는 후일 북한에서 대한민국으로 귀순한 '새터민' 자녀들의 교육을 돌보는 일, 교도소 재소자 후원, 양노원 후원 등으로 승화됩니다.

둘째는 신실한 신앙인으로서의 삶입니다. 공주사범학교 재학 중인 1957년에 공주 성당에서 영세를 받아 가톨릭에 입문합니다. 선생의 신앙은 날로 깊어져서 1979년에 꾸르실료를 마치고 교육봉사자가 됩니다. 이때부터 교회 주보에 마음으로부터 우러나는 글을 발표하게 되고, 후일 여러 신문에도 칼럼을 발표하면서 저명한 문필가로 인정받습니다. 최근에도 '재속 프란치스코 형제회' 봉사활동에 매진하고 있으며, 교구에서 시행하고 있는 '한끼 나눔'에도 주도적으로 참여하는 등 신자로서 솔선수범을 보입니다.

이와 관련한 선생의 내면은 '수필집'에 자연스럽게 투영되어 나타납니다. 1991년에 발간한 첫 수필집 『내 영혼의 울림』에는 100편의 글이 실려 있습니다. 제1부 '신앙인으로서'의 46편에는 신앙의 체험담과 교회가 나아가야 할 방향을 제시하고, 제2부 '교단에 서서'의 22편에는 교육자로서의 진솔한 사랑과 교육 발전을 위한 제언이 실려 있으며, 제3부 '사회 안에서'의 32편에는 비리가 만연한 사회를 비판하며 모든 사람이 평화 안에서 행복하기를 소망하고 있습니다.

경갑룡 주교는 '추천사'에서 〈하느님의 섭리를 따라 열심히 이 세상을 살아가려는 저자 산태고 김진태 형제의『내 영혼의 울림』은 오늘을 사는 모든 이에게 마음의 양식을 듬뿍 선사할 것〉이라고 독자들에게 추천하였습니다. 대전교구 평신도회 변평섭 회장은 〈신앙인으로서, 일선 교육자로서, 양심적으로 살려는 몸부림이며, 정의의 실현과 인정이 훈훈한 사회의 건설에 이바지하려는 외침〉이라고 추천한바 있습니다.

김진태 수필가는 첫 수필집 발간 후, 꾸준히 발표한 작품들을 모아 2016년에 두 번째 수필집『너와 나는 하나다』를 발간합니다. 제1부 '하느님과 함께'의 40편에는 선생의 신앙생활에 대한 수상이 결곡합니다. 제2부 '이웃과 더불어'의 39편에는 사회생활에서 보고 듣고 느끼고 생각한 일들을 자연스럽게 그려내고 있습니다. 산수(傘壽, 80세)를 앞둔 노익장의 경험에서 우러난 진솔한 속삭임과 외침이 작품 속에 녹아 있습니다.

선생은 1960년에 서울 덕성여고를 졸업한 재원 조무형(모니카) 여사와 예산성당에서 결혼하여 갑년(甲年)에 이릅니다. 두 분 모두 신앙이 깊어 2남 1녀를 훌륭한 인물로 양육합니다. 장남은 사업가로, 차남은 신부(神父)로, 장녀는 교육자로 성공적인 삶을 영위하고 있습니다. 또한 선생은 '마음과 정서'가 혼연일체, 교회의 작은 벽돌이 되고자 하며, 교회와 사회에 뜨겁게 봉사합니다. 대부분의 수필들이 이러한 삶을 자연스럽게 담아내고 있어 진정어린 감동을 생성합니다.

2. 가톨릭 신앙인의 내면과 지향

니꼴라오 김진태 선생은 수필집 『너와 나는 하나다』 '저자의 말'에서 저서 발간의 목적을 뚜렷하게 밝히고 있습니다. 〈이 지방 출신으로 순교 성인이신 한재권 요셉과 정원지 베드로를 수호성인으로 출발한 진잠천주교회〉가 15년의 연륜을 맞이하였고, 본당 설립 15주년을 맞이하여, 본당에 기쁜 마음으로 봉헌하고자 합니다. 이와 같이 신심이 깊은 선생의 수필은 신앙인의 내면과 지향이 오롯하게 투영되어 있습니다.

선생의 모든 작품은 동양의 명심보감, 서양의 잠언과 같은 철학과 깊이를 내재하고 있습니다. 읽으면서 감동을 받는 작품, 신앙이나 사물을 새롭게 깨닫게 하는 작품, 다른 사람과 공유하고 싶은 작품, 특히 하느님의 사랑과 인류를 구원하고자 하는 복음의 진리를 널리 펼치려는 자세를 견지합니다. 먼저 읽고 여러 독자들과 공유하고 싶은 작품의 작은 단락을 소개합니다. 이 부분만 읽으시는 것도 복 받을 일이지만, 전체 글을 통독하는 것은 저자에 대한 예의라고 생각하면서, 몇몇 단락을 소개합니다.

하느님께서는 사랑이시다. 전 세계가 사랑으로 서로 엉켜 평화 속에서 살아가도록 창조하셨는데, 인간만이 욕심을 차리면서 사리사욕으로 이웃을 등지고 살아가는 것 같다. 친척, 친지, 친우 사이가 보다 친밀히, 보다 넓은 마음으로 관용을 베풀고 이해하는 가운데 살아갔으면 좋겠다.

— 「마음의 보약」 일부

한낮 한적한 성당에 들어가 잠시나마 감실 안에 계신 예수님과 대좌하여 대화하는 것, 간절히 소망을 청하는 것이 참 좋다. 세상 모든 잡념을 떨쳐버리고 예수님 앞에 앉으면 참으로 좋다. 내가 기도하고 싶은 사람 하나하나 떠올리며 예수님과 이야기하고 나면 마음이 그렇게 후련하고 기쁠 수가 없다. 그 시간이 가장 행복한 시간인 것 같다.

—「가장 행복한 시간」 일부

창미사, 국악미사, 여러 가지 악기를 동원하고 여러 파트가 합친 합창, 우리 고유 음악으로 하는 국악미사가 참 좋다. 3박자로 국악과 장구가 동원되면 궁뎅이가 들썩들썩 어깨춤이 절로 나면서 하느님을 찬양하는 미사 얼마나 좋은가? 북 치고 장구 치고, 피리, 해금, 가야금 동원하여 드리는 국악미사를 했으면 참 좋으련만…….

—「북치고 춤추며 수금과 비파로 주님 찬미」 일부

김진태 선생은 세상을 하느님의 사랑으로 인식합니다. 세상을 창조하시고 인간을 창조함으로써 낙원을 기대하신 하느님의 뜻과는 달리, 인간은 맹약을 헌신짝처럼 버리기도 하고, 뭇 사람들을 속이며 사리사욕을 채우려 합니다. 우리 인간들은 스스로 극복할 수 없는 원죄를 지녔기 때문에 늘 회개하고 반성하는 생활 속에서 사랑을 실천해야 함을 주장합니다.

어느 곳에서나 하느님과 만날 수 있지만, 선생은 '삼종소리'에 맞추어 마음을 다스리던 때를 그리워합니다. 선생이 서울 가회동에서 거주할 때 아침 6시, 낮 12시, 저녁 6시, 매일 세 번씩 들려오는 삼종소리를 들으며 예수님 강생구속의 신비를 되살렸다고 회상합니다. 이와 함께 작품 「그리운 삼종소리」를 통해 〈성당에서 삼종 칠 때 종소리가 나면 일손을 멈추고 삼종기도를 드렸으며, 길거리를 걸어가다가도 발걸음을 멈추고 삼종기도를 드렸던 기억이 새롭다.〉 고 합니다. 〈기쁨과 평화가 넘치는 향기를 종소리〉 에 담아 전국 방방곡곡에 울려 퍼지기를 소망합니다.

3. 이웃에 대한 오롯한 사랑

김진태 수필가의 내면은 사랑이 충만합니다. 「이제는 말할 때가 되었구나」 에 소개한 일화(逸話, 에피소드)는 독자들에게 새로운 감동을 생성하기에 부족함이 없습니다. 3남 1녀를 둔 가족이 나들이를 가다가 교통사고를 당합니다. 막내딸과 아버지가 부상을 당하여 다리를 절뚝거리게 되었습니다.

어느 여름날 냇물로 물놀이를 갔다가, 딸이 물에 휩쓸려 떠내려갑니다. 물가에서 목발을 짚고 서있던 아빠는 순간 목발을 집어 던지고 뛰어들어 어린 딸을 안고 헤엄쳐 나옵니다. 날마다 절뚝절뚝 걷던 아빠가 정상의 모습으로 딸을 구하게 된 이야기는 정말 감동적입니다. "네가 절뚝절뚝 평생을 걸어다녀야 하는 모습이 안타깝고, 또 네가 실망에 빠질까봐〉 2년이 넘도록 아빠가 절뚝거리며 다녔다는 어머니의 이야기에 어린 딸과 아빠는 부둥껴안고 웁니다. 모든 사람의 눈시울을 적시는 아름다운 부정(父情)입니다. 이와 같이 감동을 생성하는 작품이 여러 편입니다.

억뚝억뚝 언센 손마디에 꼬부라진 할머니의 손때 묻은 장갑도 나는 좋아한다. 그리워, 그리워도 다시 못 올 저 세상에 간 소식 없는 옛 친구도 나는 보고 싶다. 거리에서 남모르게 휴지 쓰레기 줍는 노파도 나는 좋아한다. 십자가 앞에 무릎을 꿇고 기도하는 손자 손녀의 포동포동한 두 손을 살그머니 쓰다듬어 주고 싶다.

—「사랑의 외도」 일부

가끔 추억을 더듬을 때마다 내가 교단 현직에 있을 때 나를 거쳐 간 제자들을 떠올리곤 한다. 그들이 지금은 어떻게 살고 있을까? 기뻤던 일, 속상했던 일, 즐거웠던 일, 후회스러웠던 일, 만족했던 일 등 젊음을 불사르고 열심히 노력했던 일들을 떠올리며 그들의 장래를 빌어 보기도 한다.

—「짝사랑」 일부

그는 하루를 마치며 감사의 기도를 올린다. 첫째는 양식과 건강과 평화를 주시는 하느님께, 둘째는 날마다 곁에서 아끼며 사랑하며 함께 살아가는 아내에게, 셋째는 고락을 함께하는 가족들에게, 넷째는 날마다 대하는 이웃 친지들에게, 다섯째는 공동체를 이루어 살아가는 모든 인류에게, 여섯째는 우리 주변의 모든 동식물에게, 일곱째는 흙과 공기와 물과 태양에게 감사하는 마음으로 기도를 드리며 잠자리에 든다니 본받을 만한 일이다.

—「칠감사(七感謝)」 일부

김진태 선생은 때 묻은 할머니의 장갑을 비롯하여 가난한 사람들도 사랑합니다. 하물며 기도하는 손자 손녀야 말할 나위가 없을 것입니다. 또한 제자들을 떠올리며 그들의 장래를 빌어주는 교육자상을 지닌 분입니다. 선생의 친지가 한 말 중에서 7가지 감사한 생활을 듣고, 그를 본받고자 하는 겸손함도 선생의 몫입니다.

수필 「월급의 30%」는 민원센터장이 어려운 사람들을 위해 급여의 30%를 떼어 가난한 사람들과 나누는 에피소드입니다. 중증 장애인 생활비, 대학생 장학금, 성폭력 피해 여성들 자립 기금 등으로 봉사하느라 자신은 돌보지 않았다는 공무원을 소개합니다. 그러나 사실은 산태고 김진태 선생도 아프리카 기아 난민 돕기, 새터민 자녀 교육비 지원, 재속 프란치스코 봉사를 통하여 연금의 30% 그 이상을 봉사하는 분입니다. 스스로 밝히지 않아 정확한 금액을 추정할 수는 없지만, 방송을 시청하다가도 어려운 사정을 접하면 즉시 봉사하는 것은 잘 알려진 일입니다.

4. 세상 풍조에 대한 비판적 시각

김진태 선생의 시각은 원천적으로 선한 에피소드에 기웁니다. 아름다운 이야기, 본받고 싶은 이야기, 다른 사람에게 알렸으면 싶은 이야기에 귀를 기울입니다. 수필 「어느 남자의 사랑」 역시 읽으면서 감동을 받는 작품입니다.

사랑하는 청춘 남녀가 결혼을 앞두고 있습니다. 남자는 아파트를 마련하고, 여자는 혼수를 준비하기로 약속하였는데, 여자의 아버지가 사업에 실패합니다. 결혼을 앞두고 남자는 여자의 손을 꼭 잡고 아픈 고백을 합니다. 자기가 보여 주었던 새 아파트는 자기 것이 아니라는 것입니다. 여자도 자기 집 사정이 변하여 참고 결혼을 합니다. 그런데 여자네 친정의 경제가 풀리기 시작하여 사업이 잘 됩니다. 이때 여자는 자기의 초라한 모습이 보이고, 남편의 거짓말이 떠오릅니다. 친정 어머니께 사정을 털어놓자 반전이 일어납니다. "사실은 혼수를 해올 형편이 못되는 너의 마음이 상할까봐 사위가 아파트를 팔아 네 아버지의 빚을 갚는데 보태었다." 두 모녀는 서로 껴안고 감격과 감사의 눈물을 흘립니다.

이렇게 감동적인 에피소드를 소개하는 한편, 잘못된 세상에 대한 비판을 가하기도 하고, 올곧은 견해를 밝히기도 합니다.

요즈음 일확천금 사행심에 끌어들이는 카지노, 복권, 빠찡꼬, 노름, 경마, 경륜 등 각종 경기에 돈을 거는 행위, 각종 사행성 문화, 모두 건전한 방향으로 바뀌었으면 좋겠다. 이러한 사행성, 투기성, 한탕주의가 불러오는 것은 강도, 살인, 기만, 위조, 사기 등이 아닐까 생각한다.

—「닭싸움」 일부

기껏해야 5분이나 10분 정도 줄서기가 지루하여 새치기를 하고 5초나 10초를 못 기다려 차선을 바꾸는 한국인이 아닌가 한다. 또한 건설공사도 공기를 기다리지 못하고 빨리빨리 대충하는 일이며, 약도 즉효 약을, 돈벌이도 한탕으로, 벼슬도 벼락감투로. 그러니 그 결과는 어떻게 되는가?

—「기다림의 미학」 일부

좀 더 참고 기다리지 못하고 자살을 택한 것은 천만 번 잘못한 일이지만, 6달된 아기와 함께 아파트에서 떨어져 죽은 모녀도 불쌍하고, 40나이에 새 보금자리에서 행복한 삶을 시작하다가 갑자기 사랑하는 아내와 딸을 잃고 넋을 잃게 된 최 씨도 참으로 불쌍하다.

—「외로움」 일부

현대는 물질 만능주의여서 방법을 가리지 않고 치부하려는 경향이 짙습니다. 선생은 이에 대해 경종을 울리는 글도 여러 편 발표합니다. 또한 기다리지 못하는 세태를 걱정하기도 합니다. 서둘러 일한 것이 모두 잘못 되는 것은 아니라 해도, 씹지 않고 서둘러 먹은 밥은 체하기 쉽습니다. 잠시 눈 한번 감고 생각하면 어려운 일을 막을 수도 있을 터이지만 너무 성급하여 참지 못하는 세태를 드러낸 이야기입니다.

수필 「부부생활 한담」에서는 노년의 특정한 에피소드가 압권입니다. 중풍에 걸린 부인을 간병하던 노인은 부인이 귀찮아서 빨리 죽었으면 싶더라는 것입니다. 10여 년이 지나 부인이 죽습니다. 부인이 병석에 있을 때에는 빨리 죽기를 바랐지만, 막상 죽고 나니 허전하고 외로워서 살 수가 없더라는 것입니다. 밖에 나갔다가 집으로 돌아올 때는 방에 누워 애원하는 눈초리로 자기를 부르는 것 같아 아랫목을 바라보지만, 그 곳은 비어 있으니 한바탕 눈물을 주체할 수 없다는 것입니다.

그리하여 선생은 〈이 세상 기껏 살아봤자 백세를 넘기기 어렵고, 잘 먹고 잘 살아봤자 하루 세 끼밖에 먹지 못한다. 생각하기에 따라 행복과 불행, 삶의 가치는 마음먹기에 달렸다.〉는 깨달음에 이릅니다. 이러한 삶의 자세가 진솔합니다.

5. 읽으면서 깨닫는 글의 묘미

산태고 김진태 선생의 글을 읽으면 작고 큰 울림으로 감동을 받습니다. 작은 울림으로 다가온 감동이 다시 읽으면서 조금씩 커져 큰 동그라미가 됩니다. 그것은 세상에서 보고 듣고 느낀 것들을 제재(題材)로 하였지만, 풀이 젖소를 통하여 유유가 되는 이치와 같습니다. 그래서 선생의 작품은 한 번 읽는 데에서 멈출 수 없습니다. 다시 읽고, 또 정독하게 하는 마력(魔力)이 있습니다.

수필 「어느 계모 1」은 권선징악(勸善懲惡)에 해당하는 작품이지만, '콩쥐팥쥐'나 '흥부전'과는 달리 현대적 일화(逸話)입니다. 두 아이를 데리고 들어온 계모가 양쪽 자녀를 차별하지만 영식이는 참습니다. 그 차별을 목격한 아버지의 호통에도 슬기롭게 대처합니다. 〈어머님이 계시면, 한 아들만 배고프지만, 어머님이 안 계시면, 두 아들 뿐만 아니라 우리 집이 모두 배고프게 되니, 어머님을 용서하십시오.〉라고 하는 말을 계모가 듣습니다. 계모는 크게 반성합니다. 이후부터는 데리고 들어온 아들과 차별을 하지 않았을 터이고, 가정의 평화가 깃들었을 터입니다.

이런 에피소드를 통하여 자신의 철학과 신념을 작품에 담아내는 선생의 작품에는 누구나 알아도 좋을 잠언(箴言) 성격의 글이 다양합니다.

잠이 안 오는 사람에게는 밤이 길고, 일을 하기 싫은 사람에게는 해가 길고, 다리가 아픈 사람에게는 오리도 멀 듯이, 성실하게 일을 하지 않는 사람에게는 인생이 고달프고 살기 힘든 법입니다.

— 「바보 이반처럼」 일부

신심이 좋은 사람은 어떤 어려움이 있어도 인내 속에서 잘 풀리는 경우를 흔히 주위에서 본다. 신심이 두터운 부모 밑에서 자란 자손들은 부전자전, 모전여전이라고 신심이 두터울 수밖에 없으니 흐트러짐이 없어야 하겠다. 용생용 봉생봉(龍生龍鳳生鳳)이라 했던가?

— 「용생룡 봉생봉」 일부

나이가 들수록 높여 보이고 모범이 되어야 하지 않겠는가? 막역한 친구 사이라도 사랑을 담고 아끼는 마음을 담아 존칭을 쓰고 좋은 언어를 쓰는 것을 보면, 좋게 보이고 주위 사람들도 마음이 스스로 흐뭇해진다. 일상 하는 말이라도 품위를 유지하면 좋다. 언어 속에 마음이 담겨있고 인간 됨됨이가 들어 있기 때문이다. 점잖은 말과 점잖은 행동에는 어느 누구도 함부로 하지 못하고 얕보지 못하는 것이다.

— 「구습(口習)」 일부

선생은 수필 「바보 이반처럼」을 통하여 '진실한 사람의 근로'를 소망합니다. 「용생룡 봉생봉」을 통하여 부모의 생활과 신앙에 따라 자녀들이 영향을 받으니, 좋은 부모 역할을 잘 하자고 권유합니다. 이러한 본보기는 연세가 들어도 지켜야 할 기본자세라고 합니다. 〈친구사이라도 사랑을 담고 아끼는 마음을 담아 존칭을 쓰고 좋은 언어를 쓰는 것〉이 좋을 일입니다. 가는 말이 고와야 오는 말도 곱다는 속담이 아니라도, 대부분의 사람들은 존중받기를 바라기 때문입니다.

끝으로 산태고 김진태 선생은 '정성'을 사회생활의 으뜸 덕목으로 생각하는 것 같습니다. 하느님의 사랑도, 사람 사이의 관계도, 크고 작은 일의 성취도, 그 바탕에는 정성이 기본임을 밝힙니다. 수필 「사랑의 조미료」에서 아내의 음식맛을 감탄한 어느 남편이 아내를 몰래 관찰합니다. 아내는 여러 가지 재료를 섞어 정성껏 다 만들고, 마지막으로 선반 위에서 상자를 열더니, 성호를 그으며 맨손으로 무엇인가 한 줌 집어 반찬에 넣습니다. 부인 몰래 열어보았더니 그 안에는 '정성'이라고 쓴 종이조각밖에 없더라는 이야기입니다.

신앙 안의 이야기이든지, 가정의 대소사이든지, 세상을 살아가는 이야기든지, 모든 일에 가장 소중한 일이 '정성'임을 강조하는 산태고 김진태(니꼴라오) 수필가의 조용한 웅변(雄辯)은 가슴에 감동의 메아리를 생성(生成)합니다. 이제부터는 음식할 때만이 아니라, 모든 일에 '정성'의 조미료를 듬뿍 넣어 건강과 행복, 그리고 소망하는 일의 성공을 기약해야 할 것 같습니다. 이런 마음으로 선생의 작품 감상을 마칩니다.

너와 나는 하나다

김진태 수필집

발 행 일 | 2016년 10월 20일
지 은 이 | 김진태
발 행 인 | 李憲錫
발 행 처 | 오늘의문학사
출판등록 | 제55호(1993년 6월 23일)
주　　소 | 대전광역시 동구 대전로 867번길 52(한밭오피스텔 401호)
전화번호 | (042)624-2980
팩시밀리 | (042)628-2983
전자우편 | hs2980@hanmail.net
홈페이지 | cafe.daum.net/gljang(문학사랑 글짱들)

공 급 처 | 한국출판협동조합
주문전화 | (070)7119-1752
팩시밀리 | (031)944-8234~6

ISBN 978-89-5669-779-6
값 15,000원